DIE ZAUBER KICKER

Anpfiff!

Erzählt von Benjamin Schreuder
Mit Illustrationen von Betty van Bonn

KOSMOS

Umschlag- und Innenillustrationen von Betty van Bonn
Grundlayout von Sabine Reddig
Titelschildgestaltung von Guter Punkt GmbH & Co. KG

»Anpfiff!« ist der 1. Band der Reihe »Die Zauberkicker«.
»kicker Kids®« ist eine eingetragene Marke der Olympia-Verlag GmbH.

Unser gesamtes lieferbares Programm und viele weitere Informationen zu unseren Büchern, Spielen, Experimentierkästen, Aktivitäten, Autorinnen und Autoren findest du unter **kosmos.de**

FSC www.fsc.org MIX Papier | Fördert gute Waldnutzung FSC® C014138

Gedruckt auf chlorfrei gebleichtem Papier

Pfizerstraße 5–7, 70184 Stuttgart
kosmos.de/servicecenter

ISBN: 978-3-440-17533-0
Redaktion: Lea Hille, Nina Seitz
Satz: DOPPELPUNKT, Stuttgart
Produktion: Verena Schmynec
Druck und Bindung: Finidr, s.r.o., Český Těšín
Printed in Europe / Imprimé en Europe

Inhalt

1

Nie mehr Nummer 2

Sein Sportrucksack baumelte munter hin und her, während Ben die kaum befahrene Dorfstraße hinaufjoggte. Ein leichter Wind rauschte in den Apfelbäumen am Straßenrand – für Ben klang es wie das ehrfürchtige Raunen von Stadionzuschauern.

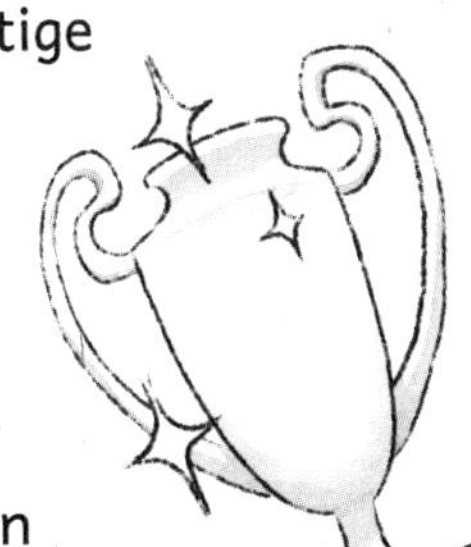

Da rollte ihm ein grüner Apfel von der Streuobstwiese entgegen. Wenn das nicht mal eine glückliche Fügung war! Prompt dribbelte Ben mit dem neuen Spielgerät den Asphalt hinauf und spulte dabei das volle Programm seiner Fußballtricks ab.

In seiner Fantasie katapultierte er sich mitten hinein ins Trainingsspiel. Er stellte sich vor, wie er Gegenspieler um Gegenspieler schwindlig spielte und dann zuletzt *Ben Nummer 1* mit einem zweifachen Übersteiger eiskalt ins Leere laufen ließ.

›Ben Nummer 1‹ hieß eigentlich Benno. Ihr Trainer, Herr Stackenberg, hatte irgendwann mit dieser lächerlichen Spitznamensache angefangen. Ganz nebenbei hatte er Ben den nervigsten Namen des ganzen Sonnensystems verpasst: *Ben Nummer 2*. Autsch!

Benno war vor einem Jahr zum 1. SC Windegg dazugestoßen. Seitdem war in der D-Jugend nichts wie zuvor. Die Spielmacher-Position, die vorher Bens gewesen war, hatte der Trainer Benno übertragen, zusammen mit dem Spitznamen ›Nummer 1‹. Doch er war nicht wirklich besser, sondern einfach nur der Sohn von Herrn Stackenberg. Während dieser Benno *immer* spielen ließ, durfte Ben in den Punktspielen nur auf den Platz, wenn sich jemand den Zeh gebrochen hatte oder nicht vom Klo runterkam. Schlimmstenfalls bekam Ben kurz vor einem Spiel die Torwarthandschuhe zugeworfen und musste 60 lange Minuten zwischen den Pfosten herumstehen. Kurz gesagt: Er war der perfekte Notnagel für Herrn Stackenberg. Doch damit würde schon sehr bald Schluss sein! Ja, für das Training heute hatte sich Ben einiges vorgenommen. Es sollte *sein* Tag werden. Endlich wollte er dem Trainer zeigen, dass er nicht die ewige ›Nummer 2‹ war.

Das schwor sich Ben, während er den Parkplatz des Trainingsgeländes erreichte. Nach einer gekonnten Schussfinte setzte Ben zu einem letzten explosiven Dribbling an, das er prompt krönte: Er bolzte ›die Kugel‹ mit einem **Ploing** gegen den löchrigen Ballfangzaun.

Der Aufprall war so heftig, dass ein ganzer Schwarm Meisen aus dem nahe gelegenen Gebüsch in den Himmel floh.

Ben folgte ihrer Flugbahn mit seinen Augen: Hoch über dem Zaun waberten ungemütlich dunkle Wolken heran. Au Backe! Hoffentlich würden sie einen großen Bogen um den Platz machen. Ein paar Minuten Regen genügten, um den Hartplatz in ein riesiges rotbraunes Matschbecken zu verwandeln.

Dann war es erst einmal Zeit für Bens Ritual: Er schubste das rostige Drehkreuz am Eingang an und lauschte gespannt auf das eintretende Knirschen und Knarren. Drehte sich das

Kreuz weniger als 3 Sekunden, war das ein gutes Vorzeichen – zumindest in Bens Aberglauben ...

Leise zählte er jetzt: »Eins, zwei ...« Das Geräusch endete. Eigentlich war es ein vielversprechendes Omen und doch guckte Ben drein wie ein Kugelfisch. Das Drehkreuz gab nicht das normale Knirschen von sich. Es war eher ein rostiges Röcheln, als bräche das alte Ding jede Sekunde zusammen. Was konnte das bloß bedeuten?

Nachdenklich zupfte Ben an einer seiner braunen Haarsträhnen herum. Dabei merkte er gar nicht, dass er einen Zuschauer hatte. Sein Kumpel Simon saß auf der Bank vorm Kabinenhäuschen und bog sich vor Lachen. »Deine Drehkreuznummer sieht saukomisch aus«, rief er ihm prustend zu. »Wenn man dich nicht kennen würde, könnte man dich glatt für 'nen Außerirdischen halten.«

Ben antwortete mit einer Alien-Grimasse. »Hallo, Erdling!«, grüßte er seinen Freund mit verstellter Stimme und schlug dann lachend mit Simon ein. »Wie geht's deinem Bein?«

Simon pochte gegen den Gipsverband, der sein linkes Bein ummantelte. »Mit etwas Glück kann der blöde Gips bald ab. Ich kann's kaum erwarten, mit dir wieder Doppelpässe zu spielen und Bälle unter die Latte zu hämmern.« Schelmisch grinsend reckte er nun seine Krücken in die Höhe. »Bei jedem Tor von dir mach ich meinen

Spezial-Jubel-Move.« Demonstrativ ließ er die Krücken feierlich gegeneinanderklackern und grölte »Beeeeen – ich bin dein Faaaaan!« hinterher.

Bens Gesicht hellte sich auf. »Na, immerhin habe ich *einen* Fan hier!« Inzwischen hatte er aus seinem Rucksack die Stollenschuhe hervorgekramt und nahm einen Schluck aus der Trinkflasche. Es war wirklich brütend heiß.

Ben merkte, wie Simon ihn ernst von der Seite anblickte. »Ich weiß, es ist gerade nicht einfach mit Benno und Co. Aber du findest deine ›Fans‹ schon noch ...« Was sein Kumpel dann sagte, traf Ben unvermittelt ins Herz: »... nur vielleicht nicht beim 1. SC Windegg.«

Mühsam rang sich Ben ein schiefes Grinsen ab.

»Puuh! Der beste Motivationscoach der Welt bist du nicht gerade – aber immerhin ehrlich.«

Simon schnalzte seinem Freund mit dem Mittelfinger gegen den Hinterkopf. »Ich mein doch nur: Du hast's drauf, Ben – und *wieee!* Beim Turnier in Ulmenhorst hat das wirklich die hinterste Kuh auf der Weide gecheckt. Ich meine, wer kann schon in vier Partien vier verschiedene Positionen spielen?«

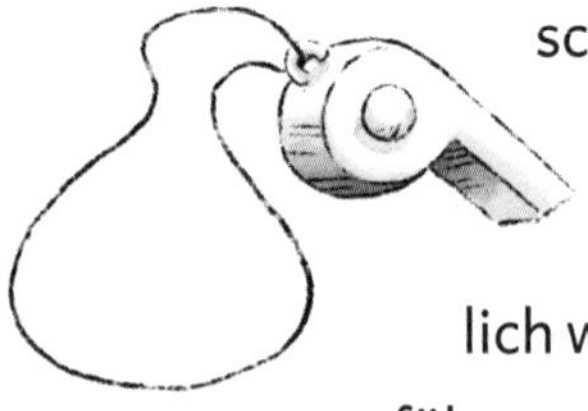

»Danke für die Blumen«, nickte Ben ihm zu und seufzte dann leise. »Aber eigentlich will ich ja nur Spielmacher sein, Mannschaftsführer, Nummer 10 ... du weißt schon.«

»Das ist genau deine Rolle!«, schwärmte Simon los. »Beim Finale gegen Irkenbach hast du bis zum Schluss alle nach vorn gepeitscht. Ohne dich wären wir knallhart untergegangen.«

»Nur zu dumm, dass bei dem Spiel ausgerechnet Herr Stackenberg nicht mehr da war – und Benno auch nicht«, merkte Ben an, während er in seine Stollenschuhe schlüpfte. »Und alles nur, weil sie auf diese dämliche Hochzeit mussten.«

»Sieh's mal so: Wären Stacki und sein Sohn beim Finale noch da gewesen, hättest du mal wieder auf der Ersatzbank geschmort oder Außenverteidiger spielen müssen.«

»Hast ja recht«, räumte Ben ein. »Wie dein Papa uns gecoacht hat, war übrigens allererste Sahne. Ich wünschte, er könnte immer einspringen.«

In dem Moment ertönte ein vertrautes Geräusch.

2

Ben und Benno

Sofort drehten die Freunde ihre Köpfe zum Parkplatz. Dröhnend schoss der SUV des Trainers über die Bergkuppe. Er glänzte in der Abendsonne wie ein riesiger Hirschkäfer. Mit durchdrehenden Reifen bremste Herr ›Stacki‹ Stackenberg ab. Dabei wirbelte haufenweise Staub auf. Als die Staubwolke sich verzogen hatte, schwang eine Hintertür auf. Prompt schnellte Benno heraus, dicht gefolgt von seiner Zwillingsschwester Ida. Auf dem Kopf hatte Benno eine dunkle Sonnenbrille, die er wie einen Haarreif trug. Im Gehen schob er sie auf die Nase, blickte sich betont cool um und schubste sich die Gläser dann wieder ins gegelte Haar.

Ben konnte nur mit den Augen rollen. »Garantiert hat er

sich die Pose von irgendeinem ›Megastar‹ abgeguckt«, raunte er Simon zu.

Benno klopfte sich unterdessen etwas Staub von den neongelben Stollenschuhen. »Hör ich da *›Megastar‹?!*« Selbstgefällig blickte er zu Ben und sprang anschließend über das Drehkreuz. »Na, ›Nummer 2‹? Gehst du heute noch auf den Platz? Oder wartest du auf den Bus?«

»Sorry, mein Bruder hat mal wieder seinen Höhenflug!«, entschuldigte sich Ida, während sie sich die blonden Haare nach oben zu einem Zopf band.

Mit einem selbstverliebten Grinsen rappte Benno los: »Yes-yo, ich hab den Höhenflug, geb hundertundein Prozent, ich bin der, der so weit in die Höhe flog, dass jeder ihn jetzt kennt, und während du ins Leere starrst, bin ich der neue Megastar.«

Ida machte eine abwinkende Handbewegung zu Ben und Simon. »Mein Bruder ist ein Totalausfall. Einfach ignorieren wie 'ne lästige Mücke.« Ben fand, Ida hatte für ihre lässigen Sprüche einen Orden verdient.

»Hey Ida! Überleg dir mal, was du sagst«, polterte eine Stimme vom Parkplatz – sie gehörte ihrem Vater. Herr Stackenberg stolzierte mit einem Netz voller Bällen aufs Trainingsgelände. »Wie wär's mal mit ein bisschen Unterstützung unter Geschwistern. Dein Bruder ist ein vielseitiges Talent.«

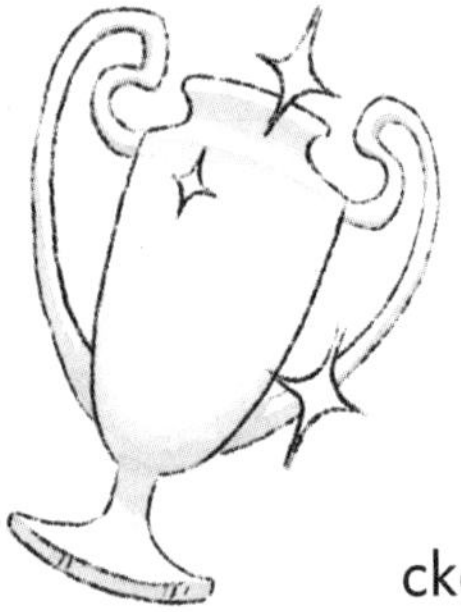

»Und *ich* etwa *nicht?!*«, empörte sich Ida. Gekränkt schleuderte sie ihre Sporttasche auf den Boden.

Statt einer Antwort blickte Herr Stackenberg zu Ben. »›Nummer 2‹, kommst du?«

Da war der verkorkste Spitzname wieder. Ben blies die Backen auf. Er hatte große Lust, auf der Stelle den Verein zu wechseln. Stattdessen stieß er zischend Luft aus den Lungen.

»Schon mal überlegt, dich umzubenennen?«, schlug Simon halb ernst vor. »Wie wär's denn mit 'nem richtig einmaligen Namen so wie Merlin, Jupiter oder – hey, noch besser – Mogli?«

Ben tippte sich an die Stirn. »*Mogli?* Ernsthaft? Ich soll wie deine Katze heißen? Soll ich vielleicht auch noch Mäuse fangen? Und alles wegen dem da.« Er deutete auf Benno, der gerade einen abenteuerlichen Sprung über die Bande machte und seine Mitspieler mit einem rotzigen »Hey, ihr Tröten! Sind eure Füße eingeschlafen, oder was?!« begrüßte.

Ben klopfte dreimal auf die Holzbank, sprang mit einem schiefen Grinsen auf und spurtete los. »Na, dann gesell ich mich mal zu den ›Tröten‹.«

»Lass dich nicht ärgern. Das ist *dein* Tag, Ben«, rief ihm Simon hinterher.

Doch erst einmal hatte Ben wenig Gelegenheit, sich zu beweisen. Herr Stackenberg spulte sein übliches Trainingsprogramm ab. 10 Minuten Aufwärmen mit Fangspiel, 10 Minuten Lauftraining, 10 Minuten Passspiel, 10 Minuten Dribblings, 20 Minuten Torschussübungen. Es grenzte an eine Sensation, dass er heute Eckbälle trainieren ließ.

Ben hatte zuletzt bei ein paar Eckbällen genau richtig gestanden, weshalb Ida ihn augenzwinkernd ›Kopfballungeheuer‹ getauft hatte. Und so stand Ben zuversichtlich am vorderen Pfosten ...

Ida nahm an der Eckfahne Anlauf, doch plötzlich stockte sie. Ein dumpfes Donnern war am Himmel zu hören. Alle Blicke wanderten nach oben. Die tintenblauen Wolken hatten sich mittlerweile zu einer bedrohlichen Wolkendecke zusammengeballt.

3

Training mit Wolkenbruch

»Hm ... sieht nach Wasserball aus«, kommentierte Ida mit einem ironischen Lächeln.

In der nächsten Sekunde fielen die ersten Regentropfen und färbten den ockerroten Platz dunkler.

Stacki, wie die Spieler ihren Trainer nannten, runzelte die Stirn. »Wisst ihr was ...? Wir fangen sofort mit dem Spiel an, bevor wir hier absaufen. Und vergesst nicht: Das ist eure Chance, euch fürs Spiel gegen Murrenheim zu empfehlen.«

Sein Sohn lächelte selbstsicher. »›Empfehlen‹? Pah! Nicht nötig!«

Prompt bekam er einen Ellbogenstoß von Ida.

Kurz darauf ernannte Stacki ›Nummer 1 und 2‹ zu den Mannschaftsführern. Auf Bens Seite stand Alex im Tor, Emre und Jakob würden verteidigen, und im Sturm spielten Kiano und Ida. Als Spielmacher war Ben ganz in seinem Element. Er liebte es, sich eine Taktik zu überlegen und gleichzeitig die des Gegners auszuhebeln. Es war genau sein Ding, Abwehr und Sturm zu koordinieren, Bälle zu verteilen, seine Stürmer in Szene zu setzen und, wenn nötig, den einen oder anderen Weitschuss abzufeuern.

Und dann hieß es: Anstoß! Ida schob Ben den Ball zu. Schon sah Ben Benno auf sich zurennen. Ben grinste triumphierend. Genau wie er es mit dem Apfel geübt hatte, ließ er Benno mit einem Übersteiger ins Leere laufen. Gerade wollte er dem frei stehenden Kiano den Ball zupassen, da wurde er aus heiterem Himmel vom grobschlächtigen Adrian umgesenst. Der bekam für das Foul sogar noch ein Sonderlob von Benno – und Stacki sprach von einem ›okayen Tackling‹.

»Ruhig bleiben«, ermahnte sich Ben. Kaum hatte er sich aufgerappelt, ertönte wieder das Donnergrummeln am Himmel. Von Blitzen war zum Glück nichts zu sehen – aber der Regen ließ sich nicht lange bitten. Es platschte plötzlich wie aus Rieseneimern auf den Hartplatz. Und genau wie Ben befürchtet hatte, verwässerten die Wassermassen das Spiel. Es wurde nur noch chaotisch hin und her gebolzt.

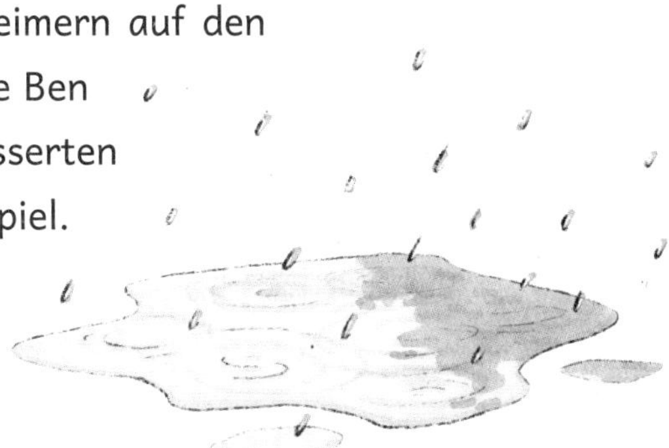

Es dauerte, bis sich wieder eine Gelegenheit für einen Angriff ergab. Als Adrian in einer Pfütze ausrutschte, rollte das Leder vor Bens Füße. Er spielte einen Doppelpass mit dem voranstürmenden Kiano. Da setzte Benno plötzlich zu einem riskanten Pressschlag an und verfehlte Bens Fuß dabei um Haaresbreite. Die Kugel bugsierte er in hohem Bogen über den Ballfangzaun und mitten ins Dickicht. Ben wollte so schnell wie möglich weiterspielen, also sprintete er zum Zaun, schlüpfte durch ein Loch und begab sich auf Dschungelexpedition.

Zwischen Sträuchern und hüfthohen Gräsern machte er Bekanntschaft mit allerlei Schnecken, Käfern und Wanzen, bis er endlich den Ball im Brennnesselgestrüpp entdeckte.

Auf dem Rückweg zum Platz beobachtete er, wie Benno mit Kiano, Jakob und Emre tuschelte. Als Benno ihn bemerkte, warf er ihm einen herausfordernden Blick zu. »Tut mir so leid, dass heute nicht dein Tag ist!«, meinte er scheinheilig.

4

Ein verhextes Spiel

Da ahnte Ben noch nicht, was ihn kurz darauf erwartete. Nachdem er den Einwurf ausgeführt hatte, war das Spiel wie verhext. Alles schien gegen ihn zu laufen. Ida und Alex verhielten sich zwar wie immer, Kiano, Jakob und Emre jedoch verdienten kaum mehr die Bezeichnung ›Mitspieler‹. Sie machten einfach, was sie wollten. Ben wiederholte ein paar taktische Anweisungen, doch genauso gut hätte er sie den Nacktschnecken im Gestrüpp zurufen können.

Gefühlt eine halbe Ewigkeit lang versuchte Ben wieder ins Spiel zu kommen. Dann endlich fing Alex die Kugel nach einer Ecke und rollte sie Ben vor die Füße. Der war kaum ein paar Meter gedribbelt, als ausgerechnet Emre und Jakob den Ball von ihm forderten. Genau für die beiden war er eben doch noch Luft gewesen?!

Ben spürte mit einem Mal eine ruhige, klare Entschlossenheit. Das war *sein* Ball! Das war *sein* Spiel! Und es sollte eigentlich *sein* Tag werden. Plötzlich befand sich Ben wie in einem Tunnel. Während er über den Platz wetzte, beobachtete er die Bewegungen der anderen, als liefen sie in Zeitlupe. Es war, als könne er vorausahnen, was sie vorhatten. So erkannte er, dass Ida dabei war, sich geschickt freizulaufen. Mit einem Doppelpass gelang es ihnen, die gegnerische Abwehr auszuhebeln. Dann haftete der Ball wieder an Bens Fuß. Keine fünfzehn Meter trennten ihn mehr vom Tor.

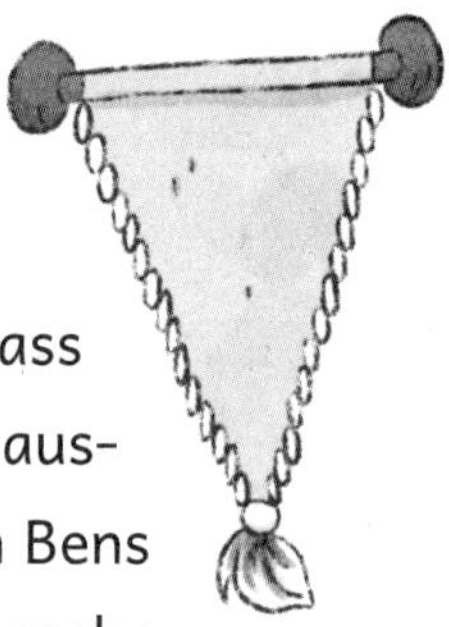

»Pass!«, brüllte Kiano ihm zu.

»Nein, mach's allein!«, spornte Ida Ben an. Da schaltete sich Herr Stackenberg vom Spielfeldrand ein: »Abspielen, Ben. He, abspielen! Was ist los?!«

Unbeeindruckt preschte Ben durch die mächtig aufspritzenden Pfützen, als sich Benno vor ihm auftürmte: »Soso. Da ist ja der Spielmacher, der nicht abspielt. Na, dann zeig mal, was du *nicht* draufhast!«

Ben fixierte Benno. Dann rempelte er sich unbeeindruckt an der angeblichen ›Nummer 1‹ vorbei. Jetzt stand Ben frei vor Kim, dem gegnerischen Torhüter. Ben zielte nicht einmal. Er legte einfach seinen ganzen angestauten Frust in den Schuss. Kim zog im letzten Moment die Hände weg. »Bist du wahnsinnig!«, schrie er, während das Leder wuchtig unter der Latte einschlug. Ida, Alex und Simon waren die Einzigen, die jubelten.

»Denen hast du's gezeigt, Ben ›Nummer 1‹«, hörte Ben Simons Stimme im Regenrauschen.

»Halt dich raus, Gipsfuß!«, brüllte Benno. »Jeder weiß, wer hier die *wahre* ›Nummer 1‹ ist!« Dabei hielt er sich die Nase – offenbar hatte Ben ihn dort erwischt. Auf den groben Zweikampf war Ben nicht sonderlich stolz, aber das Tor war einfach überfällig gewesen. Er war bereit, Bennos Mannschaft gleich noch eines einzuschenken.

Da stellte sich ihm der Trainer in den Weg. »Genug von deiner One-Man-Show! Fußball ist Mannschaftssport – denk mal drüber nach.«

»Wie wär's, wenn *Ihr Sohn* erst mal drüber nachdenkt?! Fragen Sie ihn mal, was er meinen Spielern eingeredet hat.« Er deutete mit dem Kopf auf Jakob, Emre und Kiano.

»Keine Ausflüchte! Wir reden hier gerade *von dir*, Ben. An Benno kannst du dir ein Vorbild nehmen. Der spielt fairer als du.«

Ben war stinkwütend. »Vorbild?! Ernsthaft?! Da ist jeder Kuhfladen ein besseres Vorbild.«

»Wir haben jetzt wirklich genug von dir gehört«, entrüstete sich der Trainer mit frostiger Miene. »Du setzt dich jetzt mal raus zu Simon und beruhigst dich.«

»Boah, ich wünschte, Simons Papa würde uns immer coachen«, konterte Ben. »Der gibt immerhin nicht nur seinem Sohn *'ne echte Chance*!«

Stacki erhob tadelnd den Zeigefinger. »Tja, mein Lieber, so eine Chance muss man sich aber auch erarbeiten.«

Mit einer wütend abwinkenden Geste stapfte Ben geradewegs in Richtung Ausgang.

5

Ein seltsames Gerücht

Mit dem rechten Stollenschuh trat er gegen das Drehkreuz und spürte einen dumpfen Schmerz. Leicht humpelnd trottete er die verregnete Dorfstraße abwärts. Er wusste selbst nicht mal, ob er gerade weinte, so viel Wasser rann sein Gesicht hinunter.

»He! Warte doch!«, rief Simon ihm hinterher. Ächzend folgte er ihm auf Krücken und schleppte Bens Rucksack. »Hast du nicht vielleicht was vergessen?!«

Ben blieb kurz stehen und nahm Simon mit einem dankbaren Nicken den Rucksack ab. Während sie nun gemeinsam in Richtung Dorf steuerten, starrte sein Kumpel ihn mitfühlend an: »Ey, Ben, ich wär auch sooo megasauer an deiner Stelle! Was für'n fieser Move von Benno – er hat die anderen voll gegen dich ausgespielt! Bestimmt hat er denen 'nen Zock-Abend mit seiner neuen Konsole versprochen und Chips und Cola obendrauf.«

Ben bolzte im Vorbeigehen einen herumliegenden Apfel in die Streuobstwiese, dann noch einen. »Soll Benno doch machen, was er will«, spuckte er aus. »Er hat gewonnen – so oder so. Er ist und bleibt Trainers Liebling. Du hast mal wieder recht gehabt … Ich gehör einfach nicht hierhin!«

»Aber hey, Ben! Wenn du Glück hast, erledigt sich das Benno-Problem von allein.«

Ben blinzelte seinen Freund verwirrt an. »Sag bloß, er zieht an den Nordpol?«

»Nicht ganz. Ich sag nur: Akademie Pannenwald … oder … hm …« Simon kratzte sich am Kopf. »Vielleicht hieß sie auch Pfannenwald?!«.

»Haha«, winkte Ben augenrollend ab. »Wirklich ein guter Witz.«

»Nee, im Ernst«, fuhr sein Freund fort. »Das ist ein Fußballinternat. Die machen jetzt wohl nach 'ner Ewigkeit wieder auf und suchen Spieler.«

Ben grinste immer noch. »Und das alles weißt du *woher* genau?«

»Angeblich hat sich beim Turnier eine Frau ständig irgendwelche Notizen gemacht und am Schluss wichtige Telefonate geführt. Adam

schwört, sie war eine Scoutin und dass sie irgendwas gesagt hat, von wegen ›Der ist was für die neue U12‹.«

»Adam ... aha«, war Ben skeptisch. »Du meinst *den* Adam, der überall rumerzählt, dass er als einziger Mensch auf der Welt *den doppelten Fallrückzieher* beherrscht?«

»Ich sag ja nur, was ich gehört hab«, ruderte Simon leicht zurück.

»Also, ich wette, den Pfannenwald gibt es – in Adams Fantasie«, war sich Ben sicher.

Inzwischen hatten sie die große Kreuzung am Ortsrand erreicht. Bevor sich ihre Wege trennten, klopfte Simon Ben mit einer Krücke gegen die Schulter. »Kopf hoch!«

6

Ein geheimnisvoller Brief

Kurz darauf schlich Ben ins Haus wie ein Einbrecher. Er drückte die Terrassentür behutsam auf und versuchte unbemerkt im Keller zu verschwinden. Dort lag sein Reich. Dumm nur, dass seine Mutter die reinste Detektivin war.

Ben hatte gerade auf leisen Sohlen die letzten Treppenstufen erreicht, da tönte es vom Flur oben im typischen Singsang:

»Habt ihr heute früher aufgehört?«, fragte Bens Mutter.

Ben hatte nun wirklich keine Lust auf unangenehme Nachfragen und hoffte, seine Mutter werde sich mit einer ausweichenden Antwort zufrieden geben. „Regen“, murmelte er nur schwammig.

»Gutes Stichwort. Könntest du schnell die Wäsche reinholen? Ich belege so lang die Pizza weiter.«

»Papa hat doch Wäschedienst«, wollte sich Ben aus der Affäre ziehen.

»Oh! Papa vergisst wirklich *aaaalles*«, krähte Bens siebenjährige Schwester Elli aus der Wohnküche. »Er wollte mir eine Wippe für die Kaninchen bestellen – das war vor ... ähm hundertdreiundzehn Jahren. Aber wenn ich ihn daran erinnere, sagt er immer nur ›jaja, bald‹.«

»Euer Vater macht seit Tagen die Steuererklärung. Ein bisschen Rücksichtnahme bitte«, erklärte die Mutter laut.

Ben sprang die letzten Treppenstufen hinunter. Bevor er die Zimmertür hinter sich zudrückte, posaunte er nach oben: »Wäsche mach ich später – ist jetzt eh wieder nass.«

Und dann holte er erst einmal tief Luft. Puuh! Was für ein Tag! *Sein* Tag war es auf jeden Fall nicht gewesen. Er feuerte seine völlig durchnässten Trainingsklamotten in die Ecke und schlüpfte in sein Lieblingsshirt und eine bequeme Jogginghose. Schon fühlte er sich ein wenig besser. Dann war es Zeit für den ›Fußball-Boxsack‹. Der am Gummiseil baumelnde Ball war das beste Geburtstagsgeschenk, das er je von seinen Eltern bekommen hatte. Hier konnte Ben sich nach Lust und Laune austoben.

Dabei merkte er gar nicht, dass Elli mit einem Mal neben ihm stand. Um ein Haar hätte der Lederball sie wuchtig gegen den Kopf getroffen, doch sie fing den Ball, ohne mit der Wimper zu zucken. Ben staunte nicht schlecht. Bevor er etwas sagen konnte, zog seine kleine Schwester plötzlich etwas aus dem Ärmel und reichte es ihm mit einem einfachen »Da!«.

Es war lange her, dass Ben Post bekommen hatte. Er warf einen flüchtigen Blick auf den Absender: *Akademie Tannwald.* »Nie gehört«, murmelte er. »Bestimmt nur Werbung.« Er reichte seiner Schwester den Brief feierlich zurück. »Für deine Kritzelpapiersammlung.«

Doch Elli verschränkte die Arme hinterm Rücken. »Aufmachen!«, piepte sie.

»Vielleicht hast du ja was gewonnen. Kaninchenfutter oder besser noch: eine Kaninchen*wippe.*«

Lächelnd strich Ben seiner Schwester über die roten Locken. »Scherzkeks! Ich hab nicht mal bei einem Gewinnspiel mitgemacht. Und wer verlost denn bitte Kaninchenwippen?!«

»Vielleicht hast du irgendwo mitgemacht und es gar nicht gemerkt – im Schlaf zum Beispiel.« Elli hatte nicht nur eine grenzenlose Fantasie, sie war auch beharrlich wie eine Staubsaugervertreterin. Aber Ben konnte mindestens ebenso stur sein. Schon drückte er ihr den Umschlag fest in die Hand und deutete auf die geöffnete Zimmertür. »Viel Spaß beim Malen. Vielleicht wird es ja mal etwas anderes als ein Kaninchen? Ich hab noch was zu tun.«

»Ben! Elli! Essen!«, schallte es in der Sekunde in den Keller.

Mit einem »Juhuuuuu, Pizza!« stürmte Elli schnell und wendig wie ein hoppelndes Kaninchen nach oben.

7

Unerwünschte Tischgespräche

Ben runzelte seufzend die Stirn. Auf Tischgespräche mit seinen Eltern hatte er gerade so viel Lust wie auf Zahnfleischbluten. Wahrscheinlich würde sich seine Mutter nach dem Training erkundigen.

Doch dann waberte der Duft der selbst gemachten Pizza in den Keller herunter. Ben war dummerweise hungrig wie ein ganzes Wolfsrudel. Und so stapfte er nur halb widerwillig in die Wohnküche hinauf.

Am Tisch war er froh, dass sein Vater mit seiner Mutter über die Steuererklärung philosophierte. Ben verstand nur Bahnhof: ›Ist-Versteuerung‹, ›Grundbetrag‹, ›Nichtveranlagungsbescheinigung‹, ›Werbungskostenpauschale‹. Erwachsene lebten manchmal in einer merkwürdigen Welt. Doch dann fragte Elli etwas *wirklich* Merkwürdiges – natürlich mit vollem Mund. »Waf heift *Fufballakademie?*«

»Wo hast du denn das Wort her, Ellichen?«, amüsierte sich Bens Mutter.

»Und bitte erst den Mund leeren, bevor du sprichst«, bat der Vater. Schon spuckte Elli ihr Pizzastück auf den Tisch – der Vater stöhnte, die Mutter verdrehte die Augen, Ben grinste über beide Backen.

»Na, das steht doch in dem Brief«, sprach Elli weiter. Dabei deutete sie auf den kleinen Maltisch, der gleich neben dem Esstisch stand. »Papa hat mir das Wort vorgelesen«, erklärte seine Schwester.

»Oh, das hab ich nicht mal richtig mitbekommen«, strich sich Bens Vater zerstreut über die Augenbrauen. »Aber ja, Elli hat mir irgendein Papier hingehalten ...«

»Typisch!«, lachte die Mutter Bens Vater an.

Ben blickte zum Maltisch. Er konnte Ellis Bild erkennen. Sie hatte das Briefpapier tatsächlich mit Wachsmalstiften übermalt und irgendwelche Riesenkaninchen gezaubert. Elli wollte Riesenkaninchen-Züchterin werden.

Im Nu hatte Bens Mutter den bemalten Brief in der Hand. Völlig gebannt ließ sie ihre Augen darüberwandern – offenbar ließ sich der Text noch irgendwie lesen. Das Eigenartige war: Ihre Mundwinkel schoben sich von Sekunde zu Sekunde weiter nach oben, schließlich stieß sie einen Freudenschrei aus und fiel Ben um den Hals. Der verschluckte sich gehörig an seinem Pizza-

stück. Bevor er nachfragen konnte, jubilierte sie stolz: »Die haben dich eingeladen. Die haben *dich* eingeladen. Weißt du, was das heißt?!«

Ben guckte seine Mutter an wie einen Marsmenschen. »Wer lädt mich wohin ein?!«

Doch völlig gebannt sprach seine Mutter weiter: »Die haben dich bei dem Turnier letzte Woche gesehen, glauben an dein Potenzial und jetzt wollen sie dich kennenlernen!«

Elli stand sichtlich auf dem Schlauch. »Was für ein Pottwal?«

Bens Vater klopfte die einzelnen Silben mit dem Finger auf dem Esstisch. *»Po-ten-zial«*. Er hatte schweigend zugehört und kaum die Miene verzogen. Ben wusste, was das bedeutete: Er ordnete seine Gedanken, wie er Wäsche in den Schrank einsortierte. Langsam und ganz ganz genau.

»Potenzial ist so was wie ›Talent‹«, wandte sich Bens Mutter an Elli. Dann drückte sie Ben das Schreiben in die Hand. Er hatte große Mühe, die Wörter zwischen den Wachsmalkaninchen zu erkennen. Eines war ihm jedoch schnell klar: »Eine *Fußball*akademie – jetzt check ich's!« Er patschte sich mit der Hand an den Scheitel. »Oh Mann!

Dann hat sich Adam das alles doch nicht ausgedacht. Dieser ›*Pfannenwald*‹ heißt einfach nur *Tannwald.*«

Elli verzog dabei ulkig das Gesicht. »Pfannenwald? Das klingt ... voll witzig.« Sie schloss kurz die Augen. »Vielleicht gibt es daneben 'nen Kannenwald und einen Tellerwald und einen Löffelwald und ---«

Ben unterbrach sie mit einer wegwischenden Handbewegung. »Schöne Idee, aber sorry: Es gibt keinen *Pfannenwald*«, grinste er und sah dabei die ratlosen Gesichter seiner Eltern. »Müsst ihr nicht verstehen.«

Sein Vater holte einmal tief Luft – offenbar hatte er sich mittlerweile gesammelt. »Also Ben ... ich will ja kein Spielverderber sein. Aber könnte diese ganze Einladungssache vielleicht eine große Verwechslung sein? Versteh mich nicht falsch. Du bist ein guter Fußballer – also soweit *ich* das beurteilen kann. Aber dieser Benno schießt doch fast alle Tore bei euch – und eure Nachnamen sind ja auch noch ähnli---«

Prompt bekam er unterm Tisch einen Fußtritt. »Ein bisschen mehr Feingefühl, Björn«, zischelte Bens Mutter und erhob dann ihre Stimme. »Die Leute von diesem Fußballinternat glauben an unseren Ben – zu Recht! Denk doch mal ... Seit er drei ist, hat er ständig einen Ball am Fuß – wie festgeklebt.«

»Ben ist balla-balla, Ben ist balla-balla«, trällerte Elli und fiel dabei vor Lachen fast vom Stuhl.

Seine Mutter schmunzelte. »Und wieeee! Wenn mal kein Ball da war, hat er sich aus Papier oder sonst was einen gebaut.« Ihr Augen glänzten, als wolle sie vor Rührung gleich losweinen. »Als er so alt war wie Elli, hat er dich schon schwindlig gespielt, Björn. Und jetzt schau mal, wie weit ihn die ganze Ballverrücktheit gebracht hat!«

»So hab ich's ja nicht gemeint«, lenkte Bens Vater ein, neigte dann aber wieder zweifelnd den Kopf. »Ich denke nur, für so eine Karriere ist es zu früh. Und *wie* sicher ist das alles überhaupt?! Wie viele dieser jungen Talente können eines Tages wirklich vom Fußball leben? Eines von 100? Zwei von 1000, Tanja?«

»Na, wer weiß, vielleicht ist Ben genau dieser eine!«, war sie zuversichtlich.

Ben blies die Backen auf. Im Mittelpunkt zu stehen mochte Ben überhaupt nicht – er hoffte, dass sich die Sache schnell klären ließ.

»Denk doch an die Reportage kürzlich«, argumentierte Bens Vater weiter und legte sein Besteck zur Seite. »In dieser einen Fußballschule haben sie den Kindern – *und* deren Eltern – das Blaue vom Himmel versprochen. Die Kids haben sich einen abgeschuftet, vier- bis fünfmal die Woche trainiert, am Wochenende Turniere gespielt und obendrein noch Unterricht, Lernen, Hausaufgaben. Und **schwupps** wurden einige schon heimgeschickt, weil sie angeblich nicht mithalten konnten – und andere haben die Flinte ins Korn geworfen. Wer weiß, ob die jemals wieder Lust am Fußballspielen gefunden haben. Schlimm!«

Bens Kopf schwenkte die ganze Zeit wild zwischen seinen Eltern hin und her.

»Na klar gibt es da draußen schwarze Schafe, die den Kindern falsche Hoffnungen machen«, räumte seine Mutter ein. »Aber wer weiß … vielleicht können diese Tannwald-Leute Ben wirklich voranbringen. Und das Wichtigste ist doch, dass er sich da wohlfühlt und eben auch spielen darf. Hast du gesehen, wie unglücklich er neuerdings heimschlurft nach dem Fußball. Stimmt doch, Ben?«

»Ähm … ich weiß nicht … ist mal so, mal so.« Ben linste mittlerweile sehnsüchtig Richtung Kellertreppe.

»Ich finde einfach, das kommt alles zu früh – Ben ist noch nicht mal zwölf. Er soll Spaß haben und auf keinen Fall irgendwelchen falschen Träumen nachjagen. Vielleicht wechselt er besser einfach den Verein.«

»Und *ich* finde …«, konterte seine Mutter, »Ben kann seine eigenen Entscheidungen treffen.«

Bens Gedanken fuhren mittlerweile endgültig Karussell. Um sich abzulenken, nahm er sich den Brief. Die Buchstaben verschwammen vor seinen Augen. Zum ersten Mal beachtete er nun den detailreich illustrierten Briefkopf: Mit einem Mal war es, als wäre Ben mittendrin. Die Landschaft geriet vor seinen Augen in Bewegung.

Die Tannen bogen sich im Wind, Krähen flatterten um den höchsten Turm und sogar die Fahne auf dem Schlossdach bewegte sich. Und dann war da noch etwas ... War es ein Waschbär? Seltsam! Was machte das Tier auf dem Schlossdach? Und winkte es ihm etwa gerade zu? Bens Nerven spielten ihm offenbar einen Streich. Er schüttelte energisch seinen Kopf: Alles war wieder klar und unbewegt.

Dann schloss er grübelnd die Augen. Die Sache mit dem Internat verunsicherte ihn. Er hatte das ungute Gefühl, dass man in Tannwald bald feststellen würde, dass er nicht dazugehörte. Und was wäre, wenn es dort nicht nur *einen* Spieler wie Benno gäbe, sondern gleich zwei oder sogar drei, die sich ihm ständig in den Weg stellen und ihm den Spaß rauben würden ... Das ganze Elend würde sich nur wiederholen.

»Und, hast du schon ein erstes Bauchgefühl?«, hörte er plötzlich die Stimme seiner Mutter. »Möchtest du zu den Probetagen? Das wären zehn Tage am Anfang der Sommerferien. Danach kannst du dich entscheiden, ob das etwas für dich ist.«

»Na ja, ich schätze mal, die vom Internat entscheiden sich nach der Zeit erst mal«, korrigierte sein Vater.

»*Beide* entscheiden ...«, meinte die Mutter schmallippig.

Ben wusste nicht, was er sagen und denken sollte – der Appetit war ihm mittlerweile dreimal vergangen.

»Natürlich gehst du dahin!«, flötete Elli plötzlich. Sie hatte von hinten ihre Arme um seine Schultern geschlungen.

»Das ist, wie wenn man zu einem Geburtstag eingeladen wird ... Man *muss* hingehen. Und wenn die Pfannenwalder wollten, dass du bei denen mal 'nen Ball kickst, machst du das.« In der Welt seiner Schwester war alles so simpel.

»Ach ja?«, kratzte sich Bens Vater schmunzelnd an der Stirn.

»Na klar! Sonst ist man ... 'ne olle Kartoffel – genau!« Elli schaffte es einfach immer wieder, die verkrampftesten Situationen aufzulockern. »Ich soll 'ne olle Kartoffel sein?«, empörte sich Ben nun künstlich. »Wurdest du schon mal von 'ner ollen Kartoffel durchgekitzelt?« Und dann kitzelte er Elli erst mal gehörig unter den Achseln, bis sie lachend um Erbarmen flehte.

8

Im Gedankenkarussell

In den Wochen vor den Ferien dachte Ben fast pausenlos an die Tannwald-Sache. Eigentlich war er kein schlechter Schüler, doch plötzlich vergeigte er gleich mehrere Klassenarbeiten. Zum Fußballtraining und den Spielen ging er nicht mehr – er erfand die haarsträubendsten Ausreden. Seine Ballverrücktheit war immerhin geblieben. Täglich wetzte er mit einer Kugel durch den Garten. Manchmal spielte die fußballbegabte Elli als Torhüterin mit, doch meistens war Ben allein.

Schon als kleiner Junge hatte er begonnen, in seiner Fantasie ganze Fußballturniere auszutragen. Zwei Kirschbäume bildeten das Tor auf der buckligen Gartenwiese. In Gedanken moderierte er eine Fußballpartie und schlüpfte zeitgleich in alle Spielerrollen. Natürlich war er an erster Stelle der *Spielmacher*. Hier, in seiner eigenen Welt, konnte er sich blind auf seine Mitspieler verlassen.

Mitten in seinen erträumten Fußballspielen musste er an Simon denken. Die beiden waren so etwas wie das Traumduo des 1. SC Windegg gewesen.

Die Wirklichkeit war derzeit für Simon alles andere als traumhaft. Bens bester Kumpel musste noch einmal am Bein operiert werden. Und so saß Ben eines Tages bei ihm am Krankenhausbett. Wieder dachte er an die Einladung zur Probewoche. Doch er schaffte es einfach nicht, darüber zu sprechen. Ein schlechtes Gewissen plagte ihn. Wieso bekam ausgerechnet er diese Chance, während sein Freund Simon an diesem tristen Ort festsaß?

Zur Aufmunterung schenkte er Simon eine Fußballzeitschrift. Der blätterte sofort begeistert zu den Trainingstipps für angehende Profis. »Ha! Ich kann's kaum erwarten, bald wieder mit dir über den Platz zu jagen.« Da verschlug es Ben erst einmal die Sprache. Er musste sich langsam vortasten:

»Sag mal ... rein theoretisch, was wäre, wenn diese Akademie Pfannenwald *dich* eingeladen hätte?«

Simon grinste über beide Backen. »Na, ich wäre sofort mit Gipsbein hingehumpelt. Das ist doch *die* Chance, mal rauszukommen. Und wer weiß, vielleicht wird man dort von einem Megaclub aus Barcelona, Paris oder Manchester entdeckt.«

Dann wiederholte Ben vor seinem Freund all die Bedenken, die sein Vater geäußert hatte. Er schloss damit, dass es in ›Pfannenwald‹ möglicherweise einen ganzen Haufen Bennos geben könnte.

Simon guckte ihn an wie ein seltenes Tier. »Seit wann machst du dir denn so 'nen Kopf?! Stell dir doch einfach mal was Positives vor. Bei uns in Windegg hat jeder Maulwurf bessere Chancen auf den Stammplatz als du! Und das nur wegen Benno. Das ist einfach Pech.«

Ben schluckte. »Klingt etwas hart, aber ja ...«

»Dann stell dir jetzt einfach mal vor, du wärst ihn los. Kein Benno! Und all die anderen Spieler wären einfach nur richtig coole Profis. Ich wette übrigens, im Internat hätte man mit so 'ner bennomäßigen Egoshow keine Chance.«

Der Gedanke war Ben noch gar nicht gekommen. Er malte sich nun wirklich aus, wie er auf einem Trainingsplatz auf diesem Schlossberg kicken würde. Kein Benno weit und breit! Eine Last fiel von seinen Schultern ab bei der bloßen Vorstellung. Vielleicht sollte er der Tannwald-Sache doch eine Chance geben ... Aber ein paar Zweifel blieben.

Ben wischte sich angespannt über die Stirn. »Also, ich hätte halt große Angst, irgendwelche Erwartungen zu enttäuschen.«

»Aber viel schlimmer wäre doch, wenn man's gar nicht erst versuchte. Boah! Also *ich* würde das jedenfalls so was von bereuen, so 'ne Sache auszuschlagen!«

Ben zuckte mit den Achseln. So langsam ging ihm auf, dass er bei der Probewoche so gut wie nichts zu verlieren hatte.

9

Reise ans Ende der Welt

Ein paar Tage später quetschte sich Ben auf die Rückbank des Familienautos. Der Wagen war so voll gepackt, dass Ben kaum aus dem Fenster schauen konnte. Dabei wusste er nicht, was ihn am meisten beengte: Ellis Schwimmtiereinhorn, das laut seiner Schwester *unbedingt* aufgeblasen im Auto mitfahren musste, oder das riesenhafte Kuscheltierkaninchen, das sie einen Tag vorher auf dem Rummel gewonnen hatte.

Eingequetscht wie eine Sardine in der Büchse, dachte er an sein Reiseziel und was ihn dort erwarten mochte. Seine Familie würde ihn in wenigen Stunden an der Fußballakademie rauslassen und dann zum Strandurlaub nach Kroatien weiterbrausen.

Mittlerweile hatte Ben alle Phasen durchlebt: Angst, leise Vorfreude, Zweifel, Panik und wieder Vorfreude. Im Moment fühlte er vor allem eines: Unruhe.

In der Nacht hatte er kaum ein Auge zubekommen. Und als er endlich eingeschlafen war, hatte er verstörendes Zeug geträumt.

Während seine Mutter den Wagen auf die Autobahn steuerte, schloss Ben seine Augenlider und fand doch keinen richtigen Schlaf. Er war froh, als Elli ihn ablenkte. Sie hatte den Haustierführer ›Dein Kaninchen‹ aufgeschlagen und tat so, als läse sie daraus vor. Ihre frei erfundene Geschichte handelte von einem Riesenkaninchen, das an seinem ersten Schultag einen katastrophalen Schluckauf bekam. Ben krümmte sich vor Lachen – da schaltete sich überraschend sein Vater ein:

»Sagt mal, ist das da oben nicht das Schloss?« Dabei zeigte er auf eine Anhöhe mit dunklen Tannen. Ben suchte mit zusammengekniffenen Augen zwischen den hohen Bäumen: Tatsache! Dort sah er kurz einen Schlossturm aufblitzen. Das musste die Fußballakademie Tannwald sein. Sonst gab es hier laut Straßenschild gar nichts. »So sieht's also am Ende der Welt aus«, dachte sich Ben.

Gefühlt hundert schwindelerregende Kurven später konnte er das Schloss noch deutlicher erkennen. Jetzt erschien es ihm wie aus einem Märchenbuch ausgeschnitten. Und genau wie in der Zeichnung auf dem Briefkopf flatterten Krähen um den hohen Turm.

»Du wirst dich bestimmt pudelwohl fühlen«, war sich Bens Mutter sicher. »Und ich wette, du bekommst einen richtig netten Zimmernachbarn …«

Ehe Ben etwas sagen konnte, knirschten die Reifen heftig auf dem Schotterparkplatz. Sie waren angekommen.

10

Abschiedsschmerz

Ben konnte kaum aus dem voll beladenen Auto aussteigen. Als er die Tür öffnete, fiel er Knie voraus auf den Parkplatz. Was für ein Start. So hatte er sich seinen ersten Auftritt gewiss nicht vorgestellt. Als er sich aufgerichtet hatte, kam ihm alles mit einem Mal so unwirklich vor.

Freudestrahlend zeigte Elli derweil auf ein paar Jungen mit Reisetaschen. Sie warteten in einiger Entfernung vor dem großen, massiven Eingangstor. »He, guck mal. Da sind schon deine Mitspieler.« Dann steigerte sie ihre Lautstärke auf Stufe *ohrenbetäubend:* »Macht euch gefasst – gleich kommt mein Bruder. Der ist besser als Monaldo und Nessi zusammen! Leymar kann auch einpacken!«

Ben betete, dass niemand von den Bewerbern auch nur ein Wort davon verstanden hatte.

»Ui ... Sind die wirklich erst elf und zwölf Jahre alt?«, stutzte der Vater unterdessen. »Da sind ja einige Riesen dabei. Und *durchtrainiert* sehen die aus!«

In der nächsten Sekunde wurde ihm der Kaninchenratgeber zugesteckt.

»Ich glaube, dein Bruder wird wenig Zeit für Nagetierlektüre hab---«, begann die Mutter.

Elli schnappte empört nach Luft. »Nagetiere?! Pah! Kaninis gehören zur Familie der Hasen.«

»Tja, sieht so aus, als hätte Mama das Buch nötiger«, lachte Ben.

»Nein, *du* kriegst es, damit du an mich denkst«, beharrte Elli. Ben ging in die Hocke und drückte seine Schwester fest an sich. »Denk dran, das ist wie eine Geburtstagseinladung – also guck nicht wie eine supersaure Essiggurke«, schärfte sie ihm ein.

Automatisch schoben sich Bens Mundwinkel nach oben. »Natürlich denk ich an dich, du olle Kartoffel!«

Steif drückte ihm sein Vater kurz darauf die Reisetasche in die eine und ein winziges eingepacktes Geschenk in die andere Hand. »Ist 'ne Kleinigkeit. Mach es später in Ruhe auf.« Ben war sprachlos. Sein Vater war nicht gerade bekannt für persönliche Gesten. Kaum hatte er ihn geherzt, war seine Mutter an der Reihe. Hastig und mit glasigem Blick redete sie auf ihn ein.

»Ich bin stolz auf dich! Und werd mir bloß nicht zu schnell groß. Und pass auf dich auf!«

»Ach, Mama! Ich gehe ja nicht dreißig Jahre barfuß durch die Antarktis ...«

Wenig später war er zum ersten Mal so richtig auf sich gestellt. Ben spürte einen ungewohnten Stolz, während er über den fein säuberlich geharkten Kiesweg zu dem altehrwürdigen Schloss schritt. In dem Moment brach die Sonne durch die bleierne Wolkendecke und die Gebäudefassade leuchtete blendend weiß auf. Der Ort schien wirklich wie aus der Zeit gefallen. Ben hätte es nicht gewundert, wenn durch das Eingangstor eine Kompanie Ritter herangeprescht gekommen wäre.

Doch stattdessen rückte eine Gruppe Fußballer in seinen Blick. »Robin, Robin, Robin!«-Rufe erschallten. Die meisten Bewerber standen um einen groß gewachsenen Kerl herum. Das musste Robin sein. Er hatte wache haselnussbraune Augen und eine unverkennbare Zahnlücke. Mit den Füßen hielt er einen kartoffelgroßen Stein in die Luft, bugsierte ihn schließlich auf die Oberschenkel und konnte ihn sogar mit den Schultern hochhalten. Donnerwetter!

Daneben unterhielten sich zwei Kandidaten – Ben schnappte die Namen *Yoshi* und *Jaro* auf. Yoshi hatte neongrün gefärbtes Strubbelhaar. Jaro war ein blasser Junge mit langen, dunklen Haaren, die er mit einem Haarband zähmte. Er hatte schon einen schwachen Bartflaum über der Oberlippe, wie Ben verdutzt feststellte. Soweit Ben es verstand, hatten die beiden sich erst vor einigen Tagen bei einem großen Fußballturnier in Mailand getroffen. Mit ihrem Münchner Heimatverein waren sie gegen Clubs aus London, Madrid und Paris angetreten.

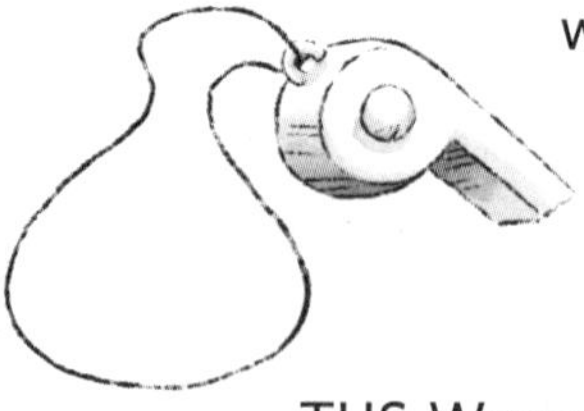

Wo war Ben hier nur gelandet?! Er dachte an die üblichen Windegg-Gegner: TUS Wassernach, SV Neidental, Sportfreunde Ohlenbrück ... Es war nur eine Frage der Zeit, bis hier alle herausfanden, dass er ein Provinzkicker war.

Und als hätte er seine Gedanken gelesen, fragte Yoshi direkt drauflos. »Hey! Wo spielst du denn?«

Ben versuchte sich nichts anmerken zu lassen. »Ach, der Verein ist so was wie ein Geheimtipp.«

Jaro guckte Ben an wie ein Einhorn. »Keine Sorge, wir fallen schon nicht um, wenn du uns den *geheim-geheimen* Namen verrätst.«

Yoshi schloss die Augen, massierte theatralisch seine Schläfen und spielte den Wahrsager. »Ich wette, du spielst beim 1. FC Obergruseltal mit lauter blutrünstigen Vampiren – aber das dürfen wir natürlich eigentlich nicht wissen, sonst schlürfen die unsere Adern leer.« Yoshi war offenbar der Scherzkeks unter den Bewerbern. Jaro lachte sich schlapp. Robin stand inzwischen bei ihnen und schmunzelte.

»Schieß schon los!«, forderte er Ben auf und hob fragend die Augenbrauen.

Statt einfach zu antworten, entschied Ben sich für die wohl dämlichste Reaktion der Welt. Er murmelte »Ähm ... Mist, ich hab was vergessen« und rannte zum Parkplatz zurück.

»He! *Was* hast du denn vergessen? Vielleicht können wir dir aushelfen«, rief ihm Robin hinterher.

Als Ben um die Ecke bog, sackte sein Herz in die Hose. Wo eben noch das Familienauto gestanden hatte, stritten sich nun ein paar Krähen um eine Walnuss. Und walnussgroß und mattrot glänzte in der Ferne der Familienwagen ...

11

Der Spielmacher aus der Provinz

Ben holte einmal tief Luft. »Jetzt bloß nix anmerken lassen!«, stimmte er sich ein. Dann stapfte er zurück.

Robin kam ihm besorgt entgegengelaufen. »Alles gut?«

»Ja, ja«, winkte Ben hechelnd ab. »Hab nur ... ähm ... die Fußballschuhe vergessen.« Er merkte förmlich, wie er rot anlief.

Robin zog verwundert die Augenbrauen hoch. »Hast du denn die Liste nicht gelesen?«

Natürlich kannte Ben die Liste. Darin hatte gestanden, dass die Bewerber fast nichts mitnehmen müssten und dass für alles gesorgt sei. Es wurde darin auf die festen Handyzeiten hingewiesen und darum gebeten, Snacks und Co zu Hause zu lassen.

»Die stellen uns hier doch alles zur Verfügung«, schaltete sich Jaro ein.

Glücklicherweise joggte in der Sekunde ein bärtiger Mann im rot-weißen Trainingsanzug auf sie zu – er hatte einen Fußball unter den Arm geklemmt.

Er grinste über seine bärtigen Backen und zeigte seine strahlend weißen Zähne. »*Hello, hello, hello*«, flötete er in die Runde. Er stellte sich vor jeden einzelnen Spieler: »Cool, dass du hier bist ... Super, dass du gekommen bist ... *great,* dich hier zu haben!« Zuletzt wandte er sich an die gesamte Gruppe: »*Hey boys,* ich bin Taylor, euer Trainer – *welcome to* Tannwald«. Er sprach mit einem angenehmen amerikanischen Akzent. Seinen eigenen Namen betonte er ›Täiler‹, Tannwald hieß bei ihm ›Dannwold‹. »Soooo viele *talents* auf fünf *squaremeters* ... ich meine Quadratmetern!«, fuhr er fort. »Ich bin mir sicher, einige von euch sind *very, very* aufgeregt, aber *you know what?* Wir Erwachsenen hier oben sind es noch viel mehr. Unseren Internatsleiter, Herrn Wolpertinger, werdet ihr gleich kennenlernen.« Taylor sprach den Internatsleiter ›Wolpördindchör‹ aus – Ben musste ein Grinsen unter-

drücken. »Auf jeden Fall ist er auch völlig durch den Wind. Er hat so lang darauf gewartet, dass wieder Leben in die Bude kommt.«

Dann hastete der Trainer durch seinen Werdegang: Er hatte als Assistent bei der U19-Nationalmannschaft gearbeitet, danach in verschiedene Leistungszentren reingeschnuppert. »Und jetzt darf ich helfen, Tannwald zu alter Größe zurückzuführen«, lächelte er.

Ben zuckte zusammen, als Taylor plötzlich den Ball in die Luft warf. Dummerweise senkte sich die Kugel genau auf seinen Scheitel herab. Um keinen dümmlichen Kopfball zu machen, fischte Ben den Ball aus der Luft.

»*Yeah,* du bist dran, Kumpel! *Tell us:* Name, Verein, Position und irgendeine *message,* die du loswerden möchtest!«

Ben guckte in die Ferne, während er losstotterte. »Ja ... also ... Ich bin Ben Stallenberger. Und ich spiele beim ... na ja ...«, Schweißperlen rannen seine Stirn hinunter, »... 1 SC. Windegg – das ist ein Geheimtipp.«

Die Reaktionen waren halb so niederschmetternd, wie Ben befürchtet hatte.

»*Wirklich* nie gehört«, blinzelte Yoshi verwundert.

»Klingt wie'n *ziemlich geheimer* Geheimtipp«, murmelte ein breitschultriger Kandidat – Ben hätte schwören können, dass es sich um einen Torwart handelte.

Robin runzelte die Stirn. »Und *da* – wo immer das ist – wird *auch* gescoutet?«

»Oh ja! Zum Glück wird inzwischen *überall* gescoutet«, schmunzelte Taylor. Er hatte inzwischen ein Smartphone aus der Trainingsjacke gezogen und tippte auf den Touchscreen. »Hier steht, Ben, du spielst auf allen *positions.* Das ist *correct,* oder?«

Ben wischte sich verdutzt übers Gesicht. Hatte man ihn hierher eingeladen, weil er angeblich *überall* eingesetzt werden konnte? Dabei wollte er sich doch nie wieder nach Lust und Laune auf dem Platz herumschubsen lassen.

»Also eigentlich bin ich Spielmacher«, presste er heraus.

»Spielmacher also ... verstehe ...«, nickte Taylor mit leichtem Stirnrunzeln. »*Respect!* Als Spielmacher hast du hier starke Konkurrenz. Dann kannst du den Ball *directly* an Robin weitergeben – er ist auch Spielmacher. Ein dritter stößt später noch zu uns.«

Robin hatte im Gegensatz zu Ben offenbar kein Problem damit, vor der Gruppe zu sprechen. Am Schluss erzählte er von seinem Kreuzbandriss. Der hatte ihn bis vor Kurzem fast

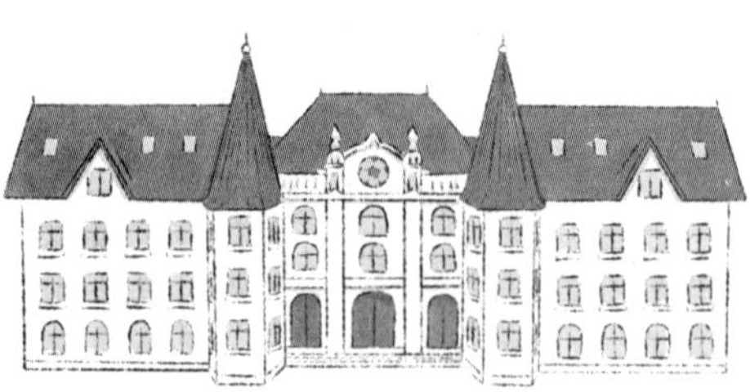

ein Jahr lang vom Spielen abgehalten.
Ben dachte an Simon. Er wünschte sich, er hätte ihm beim Abschied einfach die Wahrheit gesagt …

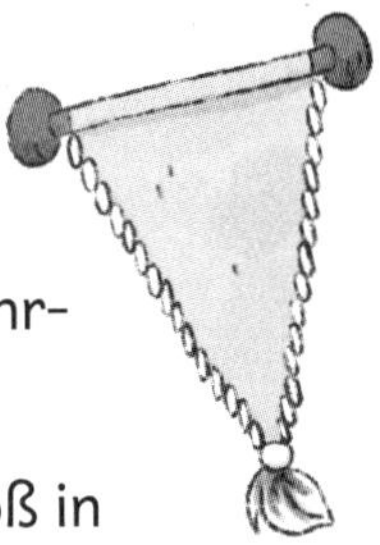

Plötzlich gab ihm Robin einen kleinen Stoß in die Rippen. »He! Aufwachen, du *Geheimtipp!*« Ben hatte offenbar vor lauter Tagträumen die Vorstellungsrunde verpasst. Die anderen Spieler folgten Taylor schon zum Schlosstor. »Oder willst du hier Wurzeln schlagen?«

12

Waschbär im Glas

Als Ben durch das mit Eisen beschlagene Eichentor trat, kam er aus dem Staunen nicht mehr heraus. Auch die Räume *im* Schloss übertrafen all seine Erwartungen – und nicht nur *seine*. Immer wieder waren **Ooohs** und **Aaaahs** zu hören, während die Bewerber zwischen Säulen hindurch über den schwarz-weiß gefliesten Marmorboden liefen.

Jeder Schritt, jedes geflüsterte Wort hallte vielfach von der Decke wider. Durch ein breites Buntglasfenster drang Sonnenlicht hinein. Es warf geheimnisvolle Muster auf den Boden. Die Glasstücke ergaben beim genaueren Hinsehen ein Bild. In den verschnörkelten und verschlungenen Formen erkannte Ben Tiere und Fabelwesen, die einem Ball nachjagten. Und mittendrin war ein Waschbär, der ihm merkwürdig bekannt vorkam.

Ben schüttelte verdutzt den Kopf, während er das Tier fixierte. Was hatte es bloß mit diesem Wesen auf sich? Er dachte an das Einladungsschreiben, das er vor Wochen bekommen hatte. Der bebilderte Briefkopf hatte sich so merkwürdig in Bewegung gesetzt. Plötzlich hatte er gemeint, einen winkenden Waschbären auf dem Schlossdach zu erkennen …

»Das ist wirklich ein freches Kerlchen, das sich überall reinmogelt!«, tönte eine Stimme neben Ben. Sie klang hypnotisch wie die eines Märchenerzählers. »Geradezu *wiesel*flink, obwohl er ein Waschbär ist.«

Wie von Zauberhand stand plötzlich ein Mann vor ihm, der nur wenig größer war als Ben. Er trug eine leicht verbogene Brille mit Goldrand und erinnerte an einen leicht verrückten Professor. Er hatte dunkle Brauen, die sich buschig über türkisblau schimmernde Augen wölbten. Ben bekam das Gefühl, als könnten diese Augen bis in die hintersten Ecken seines Herzens sehen. Obwohl der Mann sicher um die 65 Jahre alt war, blitzte um seine Mundwinkel ein kindliches, fast schelmisches Grinsen.

»Unsere gute Frau Abelone hat das Bild vor weit über 30 Jahren in Auftrag gegeben. Man soll die guten Geister ja schließlich ehren. Ich sag dir, die können vielleicht *eitel* sein – und *ungemütlich* können sie auch werden. Und doch wollen wir sie nicht missen.«

Ben tat so, als verstünde er, wovon der Fremde sprach. Dabei ploppten Hunderte Fragezeichen in seinem Kopf auf. Glaubte der Mann denn wirklich an diese Tiergeister? Wollte er Ben womöglich nur testen? Im nächsten Moment reichte der Fremde ihm seine erstaunlich große behaarte Hand. »Wolpertinger, angenehm.«

»Ähm ... was für Wolldinger?«

Der Mann lachte in sich hinein. »Eduard Wolpertinger mein Name.«

Jetzt erst begriff Ben, dass niemand Geringeres als der Internatsleiter vor ihm stand. »Wow! Ihnen gehört das alles!«, stutzte er.

»*Gehören?*« Bens Gegenüber schlug sich amüsiert auf

die Oberschenkel. »Diese Räume gehören all jenen, die sie nutzen. Das heißt auch, sie gehören auch allen – und damit meine ich wirklich *alle* –, die hier durch diese Gemäuer geistern.« Uff! Den Satz musste Ben erst mal verdauen.

Er wandte sich wieder dem Glasgemälde zu. »Dieser Waschbär, dieses Einhorn und dieses Gürteltier. Sind das ... ähm ... so was wie ... Geister?«

Herr Wolpertinger wackelte mit dem Kopf. Das war offenbar seine Art, zu nicken. »Sie sind das, was du in ihnen siehst. Aber wenn du mich fragst: Sie sind an erster Stelle Maskottchen aus den alten Tagen. *Den goldenen Tagen,* wie wir sie hier nennen.« Der Mann seufzte leise. »Damals lebten diese Wesen mit uns. Sie brachten uns Internatsbewohnern manch zauberhaften Fußballmoment.« Hatte der Mann wirklich *lebten* gesagt? Wie konnten Maskottchen leben? Ben kam eine Kartoffel lebendiger vor als ein Waschbärmaskottchen.

Yoshi belauschte das Gespräch. Hinter Wolpertingers Rücken schnitt er lustige Geistergrimassen. Scheinbar zufällig lief Yoshi schließlich an Ben vorbei und flüsterte ihm ins Ohr: »Der Kerl hat nicht alle Nadeln an der Tanne. Pass gut auf, sonst ver-

wandelt er sich noch in ein Einhorn. *Hex, Hex.*«

Ben unterdrückte ein Schmunzeln.

»Es gibt mehr, als die Sinne uns zeigen«, zwinkerte Herr Wolpertinger ihm abschließend zu. »Du wirst es sicher bald verstehen. Doch jetzt widmen wir uns erst mal anderen Dingen.« Für alle gut hörbar klatschte er in die Hände. »Wer von euch ist denn hungrig?«

Mit der Frage hatte er ins Schwarze getroffen. Ein begeistertes Raunen ging durch die Gruppe. Und auch Bens Augen leuchteten. Er hatte beim Frühstück am Morgen kaum mehr als eine Banane runterbekommen!

13

Die Fußballakademie stellt sich vor

Das Büfett war das reinste Schlemmerparadies! Die 19 Kandidaten befanden sich in einer Aula, die mindestens ebenso prächtig war wie der Schlossflur.

Ben verschlang im Nu zwei Mozzarella-Tomaten-Toasts, Kartoffelecken und Nudelsalat. Zum krönenden Abschluss warf er sich eine Handvoll Schokorosinen in den Mund.

»Sag mal, hast du denn noch nie was gegessen in deinem Leben?«, rümpfte Robin die Nase. Im Flüstermodus fügte er hinzu: »Ich würde mich an deiner Stelle etwas zusammenreißen ...«

»Wozu ist das Büfett denn da?«, erwiderte Ben unbeirrt.

»Ich meine nur, wir sind hier nicht in einem Landschulheim. Die Leute vom Internat gucken wahrscheinlich genau hin, ob du gesund isst – und auch *wie.*« Mit spöttischem Tonfall fügte er noch hinzu: »Aber hey! Du wolltest ja eh nach Hause. Dann kriegst du ja genau, was du möchtest!«

»Ach, glaub doch, was du willst«, murmelte Ben entnervt und ging zu einer automatischen Orangensaftpresse. Dort unterhielten sich Herr Wolpertinger und Taylor angeregt miteinander, bevor der Internatsleiter plötzlich aufgeregt auf die Bühne tänzelte und zum Mikrofon griff. »Esst einfach weiter, meine Lieben. Bitte keine übertriebene Förmlichkeit in diesen Räumen!« Ben warf Robin einen triumphierenden Blick zu – Robin schnaubte.

»Fußball ist ein knallhartes Geschäft«, begann Herr Wolpertinger in ziemlich schroffem Tonfall. »Wer sich darin beweisen will, muss die Zähne zusammenbeißen, sonst bleibt er auf der Strecke! Für die Karriere müsst ihr alles opfern: Familie, Freunde und Freundinnen, Hobbys! Und vergesst nie: Es gibt nur Gewinner und Verlierer!«

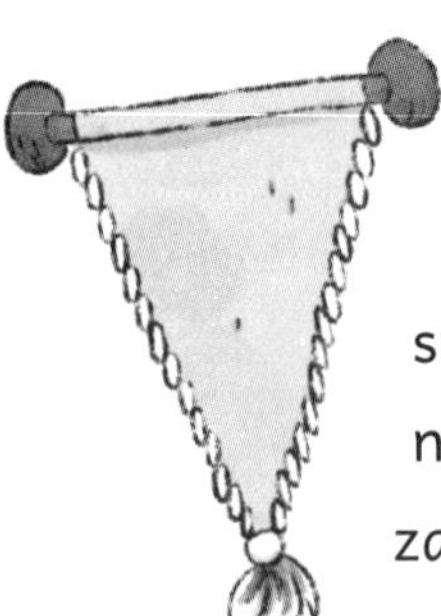

Der Internatsleiter legte eine kurze Spannungspause ein. Ein paar Bewerber tuschelten verwirrt miteinander. »Noch mehr Druck – na, super!«, hörte Ben Yoshi murmeln. Stand vor ihnen wirklich derselbe Mann, der Ben eben noch von zauberhaften Maskottchen erzählt hatte?

Plötzlich legte Herr Wolpertinger seinen Kopf in den Nacken – und dann erfüllte sein herzhaftes Lachen den Saal. Anschließend klang er wieder so, wie Ben ihn in Erinnerung hatte: »Das ist natürlich alles *total nonsense,* wie unser Taylor sagen würde!«

»Yes! Its absolute nonsense!«, pflichtete der Trainer kichernd bei.

»*Falls* Fußball wirklich ein hartes Geschäft ist, lasst mich euch eines sagen: Wir sehen die Dinge hier ein wenig anders. Natürlich achten wir auf Disziplin, faires Miteinander und Teamgeist. Aber am allerwichtigsten ist ...

Habt Spaß am Spiel, euer Traum ist euer Trumpf, rot-weiß strahlt der Strumpf. Fußball ist ein Fest – der Zauber besorgt den Rest. Möge der Ballzauber beginnen«,

schloss Herr Wolpertinger seine Rede ab. Er hatte die letzten Worte wie eine Zauberformel betont. Sie wirkte: Eine ungeahnte Ruhe machte sich in Ben breit.

Taylor klatschte begeistert, einige Bewerber stimmten mit ein. Andere jedoch sahen aus, als wäre vor ihrer Nase gerade ein UFO gelandet. Ben hörte die verschiedensten Kommentare:

»Häh?! Kriegen wir am Ende noch Zauberstäbe und komische Hüte?!«

»Ich dachte eigentlich auch, wir sind hier, um Fußballprofis zu werden.«

»Kein Wunder, dass die Akademie schon mal pleitegegangen ist. Die sind echt voll abgespaced.«

»Aber irgendwie auch cool, dass die hier nicht so den Leistungsdruck fahren.«

»Also ich brauch den Druck. Der spornt mich an.«

14

Ein Mann aus einer anderen Galaxie

Der Internatsleiter hatte sich gerade verneigt, da posaunte er noch einmal ins Mikrofon: »Und nun wird es Zeit, einen neuen Kollegen vorzustellen. Ein Glück, dass er sich um die Dinge kümmert, die ich kaum buchstabieren kann: Businesspläne, Kalkulationen, Sponsorings, Investorensuche, Marketing, Ding-Ding-Ding und wie das alles heißt. Bühne frei für unseren Herrn Jungblut.«

Niemand betrat die Bühne. Dafür ploppte auf einer Leinwand hinter der Bühne ein Videobild auf. Es zeigte einen Mann mittleren Alters, der ganz offensichtlich gerade – die Handykamera auf sich gerichtet – Auto fuhr. Sein Gesicht war solariumgebräunt. Sein Haar hatte er fein säuberlich zurücktoupiert. Es schimmerte so silbern, als habe er es in flüssiges Edelmetall getaucht.

Ganz offensichtlich entging Herrn Jungblut, dass die

Videoschalte längst begonnen hatte. Vor aller Augen zeigte er einem anderen Fahrer den Vogel. »He, du Molkerei-Bubi! Hast wohl zu tief in deinen Milchtank geguckt! Bleib mal schön auf deiner Spur. Und jetzt glotz nicht so kuhblöd!« Endlich begriff er, dass die Videoverbindung schon aktiv war. Wie auf Kommando setzte er ein breites Siegerlächeln auf. »Spitzensportler!«, rief er zur Begrüßung ins Handymikrofon. Das war mit Abstand die albernste Begrüßung, die Ben je gehört hatte. »Ich sende euch sportliche Grüße von der A8. Warum ich hier rumdüse? Spitzenfrage – verdient 'ne Spitzenantwort! Ein Topsponsor Schrägstrich -investor hat angebissen. Ich zieh den Fisch gleich an Land, Hand drauf.« Er machte kurz eine Anglergeste und fand sich selbst sehr komisch dabei. Ben fragte sich, aus welcher merkwürdigen Galaxie dieser Herr Jungblut hergebeamt worden war ...

»Lasst mich raten, ihr denkt euch bestimmt gerade: *Boah, wo bin ich hier gelandet? Alles voll old school um mich herum.* Aber hey! Lasst euch sagen: Tannwald liegt nicht nur *weit in der Höhe,* wir wollen auch auf der Höhe der Zeit sein.« Er machte eine Pause, um sein Wortspiel wirken zu lassen. Mittlerweile wünschte sich Ben einfach nur, dass die Internetverbindung rasch abrisse.

»20 Jahre lang waren die Schlosstore zu. Fehler sind gemacht worden, Schulden wurden angehäuft, der Anschluss verpasst. Dumme Sache! Aber jetzt Schwamm drüber und raus aus der Mottenkiste. Wir greifen wieder an. Mit neuen Trikots und neuem Spirit wollen wir an die Weltspitze. Also immer munter ans Limit. Geht dahin, wo's wehtut. An dem Punkt liegt nämlich euer volles Potenzial. Könnt ihr alles in meinem Buch nachlesen!« Er hielt ein Exemplar in die Kamera und zwinkerte. Statt großspuriger Abschiedsworte zeigte Jungblut ein Victoryzeichen, bevor er auflegte.

Herr Wolpertinger mochte nicht alle Nadeln an der Tanne haben, aber dieser Jungblut spielte in einer anderen Tannennadelnliga. Davon war Ben überzeugt.

»Applaus, Applaus«, bat Herr Wolpertinger. »Ihr seht schon, unser guter Herr Jungblut denkt weit voraus, und zwar für uns alle. Zugegebenermaßen ist sein Tempo manchmal sehr … ähm … ehrgeizig. Und natürlich ist auch nicht alles schlecht, was aus den alten Tagen stammt. Ach ja, genau unter dem Motto steht die Schlossbesichtigung, zu der ich euch hiermit einladen will.«

15

Raus aus der Mottenkiste!

»Von wegen Mottenkiste«, fand Ben, während er mit den anderen die Räumlichkeiten kennenlernte. Als Erstes durften sie in die Klassenzimmer reinschnuppern. Sie erfuhren, dass bald die Probetage für eine Gruppe Mädchen anstünden. Mit denen würden sie in der nächsten Saison nicht nur gemeinsam Fußball spielen, sondern auch den Unterricht besuchen. Anschließend durften sie in Büros, Klassenzimmer, das Lehrerzimmer, eine Mensa, das Krankenzimmer und zuletzt in die Internatsbibliothek hineinlinsen. Jeder einzelne Raum hatte einen fast zeitlosen Charme und Charakter. Jede Truhe, jeder Wandteppich und jedes Buntglasfenster schien eine Geschichte zu erzählen.

In der Bibliothek stellte der Internatsleiter ihnen Frau Abelone vor. Er kündigte sie an als »das Gedächtnis unseres Schlosses und der gute Geist«. Frau Abelone goss gerade voller Hingabe ein paar Topfpflanzen an einer Fensterbank. Sie schien sogar mit ihnen zu sprechen.

»Jetzt fühl ich mich fast wie ein Schlossgespenst«, lächelte sie geheimnisvoll, während sie sich weiter in aller Seelenruhe um die Pflanzen kümmerte. Dann erst wandte sie ihren Blick den Besuchern zu – ihre türkis leuchtenden Augen erinnerten Ben sofort an die von Herrn Wolpertinger: »Ihr müsst wissen, unser werter Internatsleiter neigt zu Übertreibungen aller Art. Ich kümmere mich einfach um das Schloss, die Pflanzen und seine guten Geister – und natürlich bin ich immer für euch da, wenn ihr etwas braucht.«

Ben hatte große Mühe, Frau Abelones Alter zu schätzen. Je nachdem, wie das Licht auf ihr Gesicht fiel, schien sie ihm mal jünger und dann wieder deutlich älter zu sein – es war gespenstisch und faszinierend.

So langsam wurde Ben klar, dass ein wirklich besonderes Völkchen diese Akademie in Gang hielt. Vielleicht hatte Yoshi recht: Sie hatten hier nicht alle Nadeln an der Tanne. Aber eines merkte Ben schon jetzt: In der Nähe dieser Menschen fühlte er sich gut aufgehoben.

16

Die Baustelle hinterm Schloss

Durch den Hinterausgang des Schlosses erreichte die Gruppe eine überdachte Fußgängerbrücke, die sehr modern wirkte und sich vom Rest des Internats deutlich unterschied

»Wir betreten nun den ›neuen Trakt‹«, kündigte Herr Wolpertinger stolz an. »Er ist tatsächlich noch so neu, dass wir nur erahnen können, wie er in ein paar Wochen aussehen wird.«

Das neue Gebäude war eine einzige Baustelle. Die Räume hatten noch keine Türen, teilweise schienen die rohen Mauern durch. Überall wuselten Handwerker und Handwerkerinnen herum, verlegten Böden, brachten Lampen, Tapeten und Heizkörper an, strichen Wände. Herr Wolpertinger erklärte, dass in dem neuen Gebäude weitere Klassenräume und Büros entstünden. Auch ein Schwimmbecken und ein Fitnessraum seien geplant, müssten aber noch finanziert werden. Schon in ein paar Wochen, zum Start des neuen Inernatjahrgangs, werde das meiste einsatzbereit sein.

»Aber ein ganz besonderes Juwel könnt ihr schon morgen nutzen«, kündigte der Internatsleiter an und schob die neunzehn Bewerber in einen großen Trainingsraum mit Kunstrasen. In den Gitterwänden waren Ballmaschinen montiert. Alles roch noch komplett neu: nach frischem Teppichstoff, Plastikfolie und Farbe.

»Wir nennen es das Labor!«, verkündete Herr Wolpertinger feierlich.

Ben konnte sein Glück kaum fassen. Er hatte schon Dutzende Internetvideos gesehen, in denen Profis ihr Können in so einem Raum gezeigt hatten. Von Minute zu Minute konnte er sich besser vorstellen, wie das Fußballerleben auf Tannwald sein konnte.

»Wo schlafen wir eigentlich?«, fragte Hannes, ein linkisch dreinblickender Junge mit bürstenkurzen roten Haaren und Sommersprossen.

»Na, hier drin natürlich!«, scherzte Yoshi. Prompt fläzte er sich auf den Kunstrasen, schloss die Augen und schnarchte.

»Ha! Yoshi bekommt dieses Zimmer für sich«, lachte Taylor. Überraschend stieß er wieder zu ihnen und löste Herrn Wolpertinger ab. »Wir anderen gehen mal weiter zu den Zweibettzimmern. Gleich erfahrt ihr, wer euer *roommate* ist. Na, seid ihr schon gespannt wie eine Hängebrücke?«

Das war Ben *definitiv!*

17

Ein launenhafter Zimmernachbar

Hinter dem ›neuen Trakt‹ befand sich versteckt ein weiteres, allerdings kleineres Gebäude. Der Akademie-Campus war größer, als Ben angenommen hatte. Ben rechnete schon damit, dass er sich hier ständig verlaufen würde.

Durch eine automatische Schiebetür gelangten sie in einen engen holzvertäfelten Flur. Ben sog die Luft ein. Sie duftete nach frischer, harziger Kiefer. Von beiden Wandseiten gingen Türen ab. Hier lagen also die Spielerquartiere. Taylor tippte an seinem Smartphone herum und zauberte einen Raumplan herbei.

»Wenn das Internatsjahr in ein paar Wochen – also nach den Sommerferien – beginnt, werden ein paar von euch zu Hause schlafen können. Aber für alle, die sich für die Schlafplätze bewerben, wird das jetzt *super exciting. Hey boys!* Das hier wird euer Leben sein. Ihr fühlt euch *hopefully* pudelwohl.«

Dann las er jeweils zwei Namen vor und öffnete die Zimmertüren. Ben wartete gebannt darauf, dass er aufgerufen wurde. Eine Minute verging, dann noch eine. Nur noch sechs Akademiekandidaten standen im Flur, Hannes, Einar, Robin, Jaro, Yoshi und eben Ben. Dann wurden Hannes und Jaro zusammengelost. Anschließend fiel Yoshis Name. Ben konnte sich gut vorstellen, mit dem Spaßmacher ein Zimmer zu teilen. Doch dann wurde Einar aufgerufen.

Kurz darauf öffnete Taylor die Tür zu Zimmer 01 und schob Ben und Robin hinein. »Willkommen im Spielmacherzimmer – *see you soon at the* Trainingsplatz«, kündigte er gut gelaunt an.

Die Laune von Robin und Ben war im Keller – oder sogar noch weiter unten. Robin riss das Fenster auf und starrte erst mal wortlos in die Tannen, die sich leicht im Wind wiegten. »Na klasse!«, hörte Ben ihn ächzen. Dem konnte er nicht viel hinzufügen. Während sein Mitbewohner leise vor sich hin fluchte, sah sich Ben sein ›neues Zuhause‹ an. Der Raum erinnerte ihn an Schauräume eines Möbelhauses. Alles war unbenutzt und irgendwie doch gemütlich. Auf dem Bett lagen Trikot, Hosen, Stutzen und Trainingsjacke bereit. Auch eine Trinkflasche strahlte in den Tannwald-Farben Weiß und Rot.

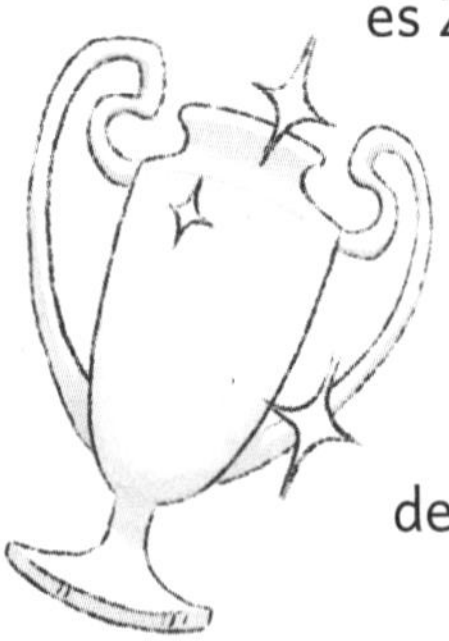

»Tooooooor«, rief eine Fußballreporter-Stimme plötzlich aus Robins Reisetasche.

»Hast du da ’nen Gnom drin?«, scherzte Ben.

Sein Zimmernachbar rollte mit den Augen. »Ich hab das Ding doch ausgestellt«, murrte er. Hektisch öffnete er den Reißverschluss der Tasche. Ben staunte, als Robin blitzschnell ein Handy herausnahm. »10 Nachrichten?!«, kommentierte er baff. »Wie kann man so verrückt sein?!«

»Krass! Du scheinst ja ziemlich beliebt zu sein …« Bens Gesprächseinstieg ging in die Hose.

»Damit eines klar ist: Spar dir dein Interesse. Wir sind *nur* Zimmernachbarn! Wir bringen die Woche jetzt irgendwie rum und sehen uns danach wahrscheinlich nie wieder. Und wenn du 'nen Tipp willst: Hör verdammt noch mal auf, ständig rumzuträumen. Ich wette, du hast nicht mal mitgekriegt, wann und wo wir gleich trainieren ...«

»Ertappt!«, schoss es Ben durch den Kopf. Äußerlich ließ er sich jedoch nichts anmerken. »Alles klar«, sagte er laut. »Dann spielen wir jetzt Schweigemönche im Kloster.«

Robin schlüpfte unbeeindruckt in die Trainingsklamotten. »Du bist *null* witzig!« In der Sekunde ertönte ein Vibrationsalarm in seiner Sporttasche. »Boah, wie das nervt ...«

»Ach ja, bevor wir uns komplett anschweigen«, begann Ben und bereute es schon in derselben Sekunde. »Ich würde das Handy echt gut verstecken. Wenn es auffliegt, dass du ständig draufguckst, fliegst *du* vielleicht gleich mit. Wir sollen die Geräte ja nur abends rausholen.«

Auch der gut gemeinte Rat ging in Hose. Robin schnaubte wie ein Stier. »Drohst du mir? Willst du mich verpfeifen?!«

Auweia! Es war wirklich allerhöchste Zeit für den Schweigemodus. Wenig später stapfte Robin aus dem Zimmer und hinterließ einige Fragezeichen in Bens Kopf. Was war eigentlich mit seinem Zimmergenossen los? Warum riskierte er seinen Rausschmiss? Und warum las er die ganzen Nachrichten nicht mal durch?

18

Irrungen und Wirrungen

Keine zwei Minuten später steckte auch Ben in der nigelnagelneuen Trainingsmontur. Zu Hause bekam er oft gebrauchte Fußballschuhe – hier stand eines der allerneuesten Modelle für ihn bereit. Ein stolzes Lächeln kam Ben über die Lippen. Die Freude hielt allerdings nur kurz. Er hätte Robin wirklich fragen sollen, wo genau das Training stattfand. Bald schon irrte Ben auf dem Gelände herum wie ein Schlafwandler.

Mutterseelenallein trabte er über einen Kunstrasenplatz. Okay, hier fand das Training also schon mal nicht statt!

Ein Platzwart hatte Mitleid mit Ben. Er führte ihn zum Rasenplatz. Hier waren die anderen Bewerber bereits dabei, sich warm zu laufen. Oh Mann, wie peinlich für Ben!

Als er bei Taylor ankam, räusperte der sich vielsagend und zeigte auf seine Uhr. »Fehlstart, würde ich sagen.«

»Sorry, ich hab 'ne Orientierung wie 'ne Bratpfanne«, räumte Ben zerknirscht ein.

Die Gesichtszüge des Trainers entspannten sich zum Glück schnell wieder. »*Nobody's perfect.* Aber hey! Wo du schon hier bist. Eine Frage ...« Taylor nestelte an seiner Cappy herum: »Was sagtest du noch mal, welche *position* du spielst? Oder warst du da *not really* festgelegt?«

Ben brachte erst mal nur ein entgeistertes »Äh ...« heraus. Hatte Taylor ganz vergessen, was Ben bei der Ankunft gesagt hatte? Von wegen Spielmacher und so. »Wir bräuchten nämlich noch *defense power* – also *Außen*verteidiger. Morgen ist das erste Spiel, you know, und dann kannst du heute im Training gleich schon mal in die Rolle schlüpfen. So ... was sagst du?«

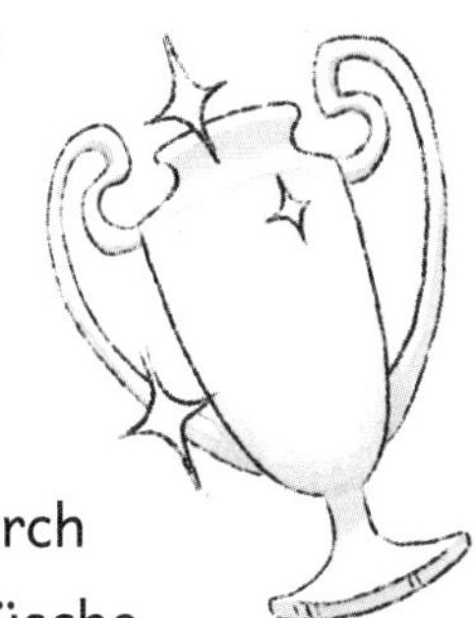

Tausend Gedanken schossen Ben durch den Kopf. Er blickte irgendwo in die Büsche, während er losstammelte: »Na ja, eigentlich kann ich schon alles spielen. Aber ...« Doch Taylor ließ ihn nicht aussprechen. Breit grinsend zeigte er mit dem Daumen nach oben:

»*Really cool,* Ben! Deshalb brauchen wir dich hier. *Das* ist der Spirit!« Plötzlich starrte der Trainer auf einen

Punkt in der Ferne: »Und hey, da kommt ja der dritte Spielmacher«, klatschte er plötzlich in die Hände. Ein Junge mit breitbeinigem Gang, kurz rasiertem Haar und einem scheinbar festgefrorenen Siegerlächeln kam auf sie zu. »*Say hello to* Victor.«

»Victor, Victor, Victor ...«, wiederholte Ben für sich. Er grübelte angestrengt. Mit dem Namen verband er etwas, allerdings nichts Gutes ...

Taylor gab Ben einen leichten Schubs in Richtung ›des Neuen‹. »Stell ihn doch gleich mal den anderen vor.«

Und als Ben nun Victors Gesicht aus der Nähe sah, fiel es ihm wie Schuppen von den Augen. »Oh, bitte nicht«, dachte er sich. Im selben Moment entglitt Victor sein Dauergrinsen. »Bitte nicht der schon wieder«, hörte Ben ihn fluchen.

Ben und Victor waren erst kürzlich bei einem Turnier aufeinandergetroffen, und zwar eher *schmerzhaft*. Victor war der Kapitän der Favoritenmannschaft gewesen.

Und gegen die durfte der 1. SC Windegg gleich zu Turnierbeginn antreten. Ben hatte damals im Tor gestanden. Früh im Spiel hatte es eine Ecke gegeben.

»Ich dachte, du stehst jetzt mit Boxhandschuhen irgendwo im Ring«, frotzelte Victor. »Fußball ist, glaub ich, nicht so dein Sport.«

Ben wusste sofort, dass die Diskussion sinnlos war. »Hey! Ich hab damals einfach nur den Ball weggefaustet. Dich hab ich gar nicht sehen können. Der Schiri hat extra noch mal gesagt, dass da keine Absicht dabei war und es eigentlich ein Foul von dir war, Victor. Aber egal ... die Sache ist einfach dumm gelaufen – vergessen wir's.«

Victor zeigte Ben den Vogel. »›Märchenstunde‹, sag ich da nur. Du wusstest genau, dass ich der Beste bin bei uns, Boxer. Und da hast du mich mal schnell ausgeknockt. Für dich ist die Sache gut ausgegangen. Aber jetzt stell dir mal vor: Meine Eltern waren so besorgt, dass sie mich erst mal nicht mehr spielen lassen wollten. Du hättest mir um ein Haar diese Riesenchance hier genommen.«

Das Gespräch nervte Ben langsam tierisch. Er war froh, als der Trainer sie unterbrach: »Na, ihr zwei? Seid ihr schon *Soccer-buddies?*«

»Oh ja! Zwischen uns passt kein Blatt Papier ...«, lächelte Ben ironisch.

»Und auch keine Faust«, fügte Victor mit einem linkischen Grinsen hinzu. Die Aussicht, Victor eine ganze Trainingseinheit lang ertragen zu müssen, verdarb Ben gründlich die Vorfreude

19

Der Boxer

Während der anschließenden Aufwärmübungen staunte Ben nicht schlecht. Ausgerechnet Robin kam auf ihn zu: »Nur, damit du's weißt: Dieser Victor ist 'ne üble Lästerbacke. Hannes kennt er offenbar schon, der lästert schon mit. Aber hey! Warum nennt dich der Neue eigentlich die ganze Zeit ›Boxer‹? Was für'n unpassender Spitzname.«

»Na immerhin besser als ›Nummer 2‹«, murmelte Ben.

»Ich hatte jedenfalls gehofft, die Leute hier sind irgendwie reifer ... professioneller«, offenbarte sein Zimmernachbar plötzlich. »Zu Hause in der Schule wird schon genug gelästert!«

Ben nickte und blickte dann zu Victor und Hannes. »Ich kann mir echt nicht vorstellen, dass sich Victor hier noch mehr Freunde macht.«

In der Sekunde teilte Taylor Ben und Robin zum 2 gegen 1 ein – und schickte Jaro zu ihnen. Ben musste die Direktpässe der anderen beiden abfangen und ordentlich Druck auf sie ausüben. Seine Gegenspieler bewegten sich clever und schoben die Bälle ebenso präzise wie schnell hin und her. Unterdessen brannte die Nachmittagssonne erbarmungslos vom Himmel. Die anderen Bewerber rannten immer wieder zu ihren Trinkflaschen. Dummerweise hatte Ben seine im Zimmer vergessen.

Als 30 Minuten später das Trainingsspiel anstand, war Ben ordentlich geschlaucht. Vor seinen Augen verschwamm alles. Und das ausgerechnet, als alle Blicke auf ihn gerichtet waren. Ben war letzter Mann und erhielt einen Rückpass von Robin. Er sah die Kugel langsam auf sich zurollen und machte dann etwas sehr Peinliches. Er trat völlig unkoordiniert neben den Ball und fiel dann auf den Hosenboden. Die Kugel kullerte indes beinahe über die Torlinie. Zum Glück war Einar in letzter Sekunde zur Stelle und bolzte den Ball davon. Als Ben wieder bei Sinnen war, hörte er Victor lästern: »Tja, Boxer, falsche Sportart!«

»Du kannst den Ball jetzt wenigstens holen, wenn du schon rumträumst«, moserte Einar unterdessen und hatte recht. Es war das Mindeste, dass er nun Balljunge spielte. Ben biss die Zähne zusammen und rannte los.

Nach einigem Suchen fand er das Leder in einem Holunderstrauch, der direkt an der Schlossfassade entlangwucherte. Während Ben zwischen den Blättern und Ästen rumstocherte, hörte er eine quiekend-kieksende Stimme:

»Hab Spaß am Spiel, dein Traum ist dein Trumpf,
rot–weiß strahlt dein Strumpf. Fußball ist ein Fest –
der Zauber besorgt den Rest.«

Wem um alles in der Welt gehörte diese eigenartige Stimme? Sie hatte weder nach einem Kind noch nach einem Erwachsenen geklungen. Und schon gar nicht nach Herrn Wolpertinger, aus dessen Mund Ben die ›Zauberformel‹ zum ersten Mal gehört hatte.

Da entdeckte Ben ein vergittertes Kellerfenster. Das Glas war an einer Stelle am Rand geborsten. Er kroch so nah ans Fenster wie möglich und versuchte in den Raum zu blicken. Allerdings konnte er nichts erkennen.

»He! Wo bleibst du?«, tönte nun eine andere Stimme. Es war Robin. Er stand in wenigen Metern Entfernung und hob die Handflächen zu einer fragenden Geste.

»Der Ball hat sich einfach im Strauch verhakt«, flunkerte Ben, schnappte sich das Leder und flitzte auf den Platz zurück.

Als das Spiel weiterging, schien Ben alles mit einem Mal leichter zu fallen. Plötzlich gelangen ihm ebenso leichtfüßige wie überraschende Spieleröffnungen. Und als das Trainingsspiel schon fast zu Ende war, bekam Ben *die* Chance, sich besonders auszuzeichnen:

Victor war einer der schnellsten Spieler, die Ben je gesehen hatte. Er hatte gerade Robin getunnelt und überlief mit Leichtigkeit zwei Verteidiger. Nun stand nur noch Ben zwischen ihm und Einar im Tor. Ben wusste, er konnte Victor nur mit einem präzisen Tackling stoppen. Auf keinen Fall durfte er ihn foulen oder ihm die Gelegenheit für eine Schwalbe bieten. Ben fixierte den Ball, wartete auf den richtigen Moment. Dann warf er sich ins Gras und grätschte Victor das Leder mit dem abgespreizten linken Fuß weg. Victor stieß einen überraschten Schrei aus. Mit auffälliger Verspätung fiel er ins Gras und rollte darin einen Tick zu dramatisch herum. Taylor blies in die Trillerpfeife. Victor jubelte schon. Er glaubte, er bekomme den Elfmeter. Doch zu früh gefreut! Es war der Schlusspfiff. Es blieb beim 0:0.

»Das war ziemlich *risky,* Ben«, legte Taylor seinen Kopf schief. »Aber auch wirklich *well done* – astrein den Ball gespielt!« Und dann wandte er sich an alle: »*Boys,*

so ein Einsatz ist genauso wichtig wie ein Tor. Also seid mutig! Seid *soccer-heroes* und *soccer-magicians!*«

Ben grinste wie ein Honigkuchenpferd. Erstaunlicherweise gratulierten ihm nicht nur Yoshi und Einar, auch Robin schlich zu ihm. »Am Anfang hab ich befürchtet, dass du dahinten einschläfst – aber die Aktion eben war echt genial!« Technisch perfekt abgegrätscht.

»Tja, war halt höchste Zeit, dass Victor mal nicht mit allem durchkommt«, schmunzelte Ben.

Robin nickte und schien zum ersten Mal ein wenig zu lächeln, wurde dann aber schnell wieder ernst: »Ich hab ihn sagen hören, er wird sich irgendwie rächen an dir.«

»Tja, Schwalben und Sprücheklopfen sind offenbar sein Ding«, zuckte Ben mit den Achseln und murmelte mehr zu sich: »Könnte glatt Bennos Zwillingsbruder sein.«

Die tiefer sinkende Sonne färbte die verschwitzten Gesichter währenddessen immer rötlicher. Der Trainer verkündete den letzten Programmpunkt für den Abend: Gemeinsam würden sie das Nationalmannschaftsspiel anschauen, und zwar im Medienraum mit Beamer. Die Begeisterung war groß. Ben bekam die Einzelheiten jedoch nur mit einem halben Ohr mit. Er hatte sich ein paar Meter von der Gruppe entfernt, starrte in Richtung des Holunderstrauchs, aus dem zuvor die seltsame Stimme ertönt war. Grübelnd fuhr er sich durch die Haare und fragte sich: Wer war wohl der geheimnisvolle Motivationsguru?

20

Der verlorene Glücksbringer

Als Ben ins Zimmer 01 zurückkehrte, war nichts von Robin zu sehen. Sein Zimmernachbar musste wohl direkt zum Fußballschauen gelaufen sein. Eilig schlüpfte Ben in seine Freizeitkleidung, leerte eine ganze Sprudelflasche und machte sich dann auf den Weg zum Schloss.

Garantiert würde sich die Gruppe irgendwo hier das Spiel ansehen. Dummerweise traf er keinen der anderen – und ausgeschildert war auch nichts. Während Ben durch den wie leer gefegten Schlossflur stapfte, kam ihm das Geschenk seines Vaters plötzlich in den Sinn. Er trug es immer noch in der Hosentasche. Im Laufen riss er das Geschenkpapier auf und hielt einen silbernen Fußballanhänger in den Händen – wow! Was für ein schöner Glücksbringer! Dabei lag ein winziger zerknickter Zettel, der in der gleichmäßigen Schrift seines Vaters beschrieben war.

Ich bin sehr stolz auf dich!

Mehr stand nicht darauf. Ben blieb wie vom Donner gerührt stehen. Solche Worte hatte er noch nie von seinem Vater gehört. Er spürte einen Kloß im Hals und beschloss, den Glücksbringer gleich an seiner Jeans festzumachen. Da bekam er aus heiterem Himmel einen Ellbogenstoß in den Rücken und landete unsanft auf den Knien. »Sorry, war kein Foul – genau wie beim Turnier letztens«, ätzte Victors Stimme.

»Astreine Schwalbe, Ben«, echote Hannes – der offenbar Victors neuer ›Schatten‹ war.

Doch Ben kümmerte sich nicht um die beiden Unruhestifter. Er hatte nur den Glücksbringer im Sinn. Der war ihm bei der Rempelaktion ärgerlicherweise aus der Hand gefallen und rollte nun polternd eine Treppe hinunter.

Fieberhaft folgte Ben dem Geräusch. Er suchte Stufe um Stufe ab. Je weiter er kam, desto dunkler wurde es. Und schließlich erreichte Ben eine Art Kellerflur. Er konnte kaum mehr die Hand vor den Augen sehen. Irgendwo musste es doch einen Lichtschalter geben! Fürs Erste kroch Ben auf allen vieren und tastete mit den Händen über den Boden – allerdings ohne etwas zu finden!

Einen Moment lang meinte Ben, etwas husche in der Dunkelheit an ihm vorbei. So langsam wurde die Sache ganz schön gruselig. Da fiel ihm ein nervös flackernder Lichtschein am Ende des Flurs auf. Das Licht drang durch die Ritzen einer Tür. Was mochte das für ein Raum sein? Ben hoffte auf jeden Fall, dass er dort irgendwo einen Lichtschalter für den Flur entdecken würde.

Als er an der Tür angelangt war, überwand er sich und zog am kalten metallenen Griff. Knarzend ging die Tür auf.

Die offenbar defekte Glühbirne flimmerte nun direkt vor seinen Augen. Es dauerte, bis er sich an die Lichtverhältnisse gewöhnt hatte. Der intensive Geruch von feuchtem Mörtel, Staub und alter Pappe stieg ihm in die Nase. Er schien in einer Abstellkammer zu sein.

Ben erkannte ein hohes viereckiges Objekt in der Ecke des Raumes. Jemand hatte ein Leintuch darübergeworfen. Bens Entdeckergeist war geweckt! Er zog das weiße Laken beiseite. Darunter kam ein alter Vitrinenschrank zum Vorschein. Durch das staubige Glas erblickte Ben allerlei Pokale, Wimpel, Medaillen, Trikots, gerahmte Urkunden von Turnieren sowie einen Fußball mit Unterschriften. Ben machte große Augen. Die Internatsmannschaft schien vor der langen Schließung mächtig erfolgreich gewesen zu sein.

Unter einem weiteren Laken fand er eine Truhe aus dunklem Holz. Sie war bis oben hin gefüllt mit Briefen, alten Briefen. Der Schrift nach stammten sie von Kindern und Jugendlichen, die hier Fußball gespielt hatten, bevor das Internat geschlossen werden musste. Alle Briefe richteten sich an einen bestimmten ›Pelé‹ und dankten ihm für seine Hilfe. Ben überflog Brief um Brief und bekam das Gefühl, dass es hier irgendein großes Geheimnis gab, das er einfach noch nicht verstand.

In der Nähe des Schranks entdeckte Ben einen Karton, aus dem alte Fußballzeitschriften herausquollen. Das Papier wellte sich schon. Ben musste schmunzeln, als er auf so mancher Titelseite Männer mit komischen Schnauzbärten, gescheitelten Wuschelfrisuren und völlig aus der Zeit gefallenen Trikots sah.

Während er in ein paar der Hefte hineinblätterte, wirbelte er haufenweise Staub auf. Mit einem Mal ertönte ein leises Niesen. Es kam vom Fensterbrett des Kellerraums. Huch! Was war das? Eine Gestalt starrte ihn an. Hatte hier jemand ein Plüschtier vergessen?

Er ging näher ran, da erkannte er: Es war ein Waschbär. *Schon wieder* ein Waschbär …!

Dann fiel ihm etwas am Fenster auf. Die beschädigte Scheibe war vergittert und dahinter erkannte er einen Holunderstrauch. Genau aus diesem Raum musste die geheimnisvolle kieksend-quikende Stimme gekommen sein.

Da zuckte Ben zusammen. Schrittgeräusche näherten sich. Das Licht im Kellerflur ging an. Jemand schien auf die Abstellkammer zuzulaufen. Im Nu war die Person an der Tür. Ben grübelte, was er tun sollte. In letzter Sekunde duckte er sich hinter den Karton mit den alten Zeitschriften und ahnte dabei: Das war mit Abstand das albernste Versteck der Welt.

21

Bekanntschaft mit einem Maskottchen

»Na, komm schon raus!«, hörte er eine Frauenstimme. Ben war überrascht. Sie klang überhaupt nicht streng, eher amüsiert.

Ben sprang mit erhobenen Händen hinter dem Karton hervor. »Hab nix gemacht. Ich hab mich nur verlaufen.«

Vor ihm stand Frau Abelone. Sie hielt eine Schüssel voller Cracker in der Hand. »Verlaufen ... so, so«, schmunzelte sie. »Und statt froh zu sein, dass dich jemand gefunden hat, versteckst du dich?«

Der Punkt ging eindeutig an sie. »Okay, okay ... Also eigentlich hab ich was gesucht. Meinen Fußballglücksbringer. Er ist in den Keller gerollt.« Mit Daumen und Zeigefinger zeigte er die Größe.

»Tja, Dinge verschwinden hier im Schloss und tauchen ebenso mysteriös wieder auf.« Ben seufzte. Musste Frau

Abelone in Rätseln sprechen? Er beschloss, das Thema zu wechseln. Kurzentschlossen deutete Ben auf die Kartons, die Truhe und den Vitrinenschrank. »Was machen diese ganzen Dinger hier unten. Gehören die nicht in ein Fußballmuseum oder so was?«

Frau Abelone nickte mit weit aufgerissenen Augen. »Diese ›Dinger‹ sind so etwas wie die Seele des Schlosses. Nicht auszudenken, was passieren würde, wenn sie nicht mehr hier wären.« Und sie fügte mit zusammengepressten Lippen hinzu: »Und ja, wenn es nach Herrn Wolpertinger und mir ginge, bekämen sie einen viel würdigeren Ort als die Kammer hier.«

»Kann er als Internatsleiter denn nicht alles entscheiden?«, stutzte Ben.

»Tja, früher war das so«, zuckte Bens Gegenüber mit den Achseln. »Doch mittlerweile treffen andere hier die Entscheidungen. Und nicht jeder interessiert sich für die alten goldenen Tage.«

Ben ahnte, was Frau Abelone damit andeuten wollte. »Herr Jungblut ist wohl kein Fan der ›alten Zeit‹.«

Da ertönte ein quieksend-kieksendes

PFUIIIIIIII, JUNGBLUT!!!

Ben starrte Frau Abelone entgeistert an.

»Sie haben das doch gerade auch gehört, oder?«, ging Ben auf Nummer sicher. Sie nickte. Dabei strahlten ihre

Augen geheimnisvoll. »Es fängt also an«, sagte sie lächelnd.

Ben war ratlos. »Es fängt an?! Soll das heißen, ich werde ... verrückt?!«

Statt zu antworten, zeigte Frau Abelone auf den Waschbären am Kellerfenster. »Sag mal, du suchst nicht zufällig einen Anhänger wie *diesen* da?«

Tatsache! Der Glücksbringer befand sich am rechten Waschbärenfuß. Wie war das möglich? Vorsichtig nahm Ben das Geschenk seines Vaters wieder an sich und befestigte es an der Jeans.

Frau Abelone lachte derweil glockenhell. »Tja, typisch Pelé! Der Racker lässt sich nix entgehen, was irgendwie einem Ball ähnelt.« Etwas ernster ergänzte sie: »Manchmal weiß man nicht, ob er einem Streiche spielt oder auf seine Art einfach nur helfen will. Auf jeden Fall ist es gut, ihn an seiner Seite zu haben.«

Ben runzelte die Stirn. »Wie kann man ein Stofftier *›an seiner Seite‹* haben?«, murmelte er.

»Tja, vielleicht wirst du's bald herausfinden. Und falls du wirklich mal dringend seine Unterstützung brauchst, weißt du jetzt, wo du ihn findest. Und keine Sorge, du musst dazu nicht jedes Mal hier herunterkommen.«

Sie lachte, als sie Bens nun völlig verdutzten Blick sah. »Alle Orte in diesem Schloss gibt es zweimal. Einmal in der sogenannten normalen Welt, in der man alles berühren kann.« Schmunzelnd fügte sie hinzu: »Und dann gibt es eine zweite Welt, die verborgener liegt. Die ist ein Abbild der normalen Welt. Sie liegt hier drin.« Frau Abelone deutete auf ihren Kopf und dann auf Bens. »Manche sagen auch, diese Welt liegt im Herzen, ein Bild im Herzen sozusagen.«

Die Vorstellung brachte Ben fast zum Lachen. »Ich muss mir also diesen Abstellraum genau vorstellen und dann kann ich ein verzaubertes Stofftier zu Hilfe rufen?«

Sein Gegenüber nickte ihm völlig ernst zu. »Am besten schließt du dabei die Augen. Und sobald dir der besondere Geruch dieses Raumes in die Nase steigt, weißt du, dass du angekommen bist in der geheimen zweiten Welt des Schlosses. Dann reicht ein Wort und Pelé ist bei dir.«

Ben fasste sich an die Stirn. »Uff ...!« Es war, als würde sein Kopf gleich platzen. Das alles war etwas zu viel für ihn.

Währenddessen stellte Frau Abelone den Behälter mit Crackern aufs Fensterbrett. »Und jetzt rate mal, wofür sich unser Waschbär neben Fußball noch interessiert ... Wir bräuchten eine extra Vorratskammer nur für das gefräßige Kerlchen.« Eigentlich hätte Ben noch tausend Fragen zu diesem merkwürdigen Waschbären gehabt, doch plötzlich wurden sie unterbrochen:

»Hey Ben! Are you down there? Bist du da unten?«, schallte es zu ihm in den Keller. Ben biss sich auf die Lippe. Mit einem genuschelten »Ich muss dann« stürmte er aus dem Raum und sauste den mittlerweile erleuchteten Kellerflur entlang. An der Treppe angelangt, nahm er gleich mehrere Stufen mit einem Satz und prallte beinahe mit seinem Trainer zusammen.

»Ah! Der verlorene Linksaußen«, begrüßte der ihn. Er legte ihm die Hand auf die Schulter und sah ihm halb fragend, halb besorgt in die Augen. »Was ist passiert? Ist alles gut?«

»Very good!«, kramte Ben sein Schulenglisch heraus und zeigte mit dem Daumen nach oben. *Jetzt bloß nicht rot anlaufen wie 'ne Paprika*, ermahnte sich Ben innerlich.

Doch natürlich wollte Taylor mehr hören. »Was hast du hier getrieben?«

Ben brach der Schweiß aus. Wie sollte er Taylor verklickern, dass ein geisterhaftes Waschbärmaskottchen seinen Ballanhänger gefunden hatte? »Ich habe etwas verloren und dann ...« Seine Kehle wurde trocken wie Schmirgelpapier.

»Ich bin schuld«, schaltete sich Frau Abelone aus heiterem Himmel ein. »Ich hab den armen Jungen völlig in Beschlag genommen. Tja, wenn ich einmal anfange, von den alten Tagen zu erzählen ... Dabei hatte er mir doch sogar gleich gesagt, dass er 'nen dringenden Termin hat.«

Es kostete Ben große Mühe, seine Retterin nicht zu ungläubig anzustarren. Warum half sie ihm?

»Ach, soooo war das«, winkte Taylor beruhigt ab. »Trotzdem *very* schade, dass du nicht dabei warst. War ein super Game! Und gut fürs Teambuilding! Wir wollen ja sehen, dass ihr untereinander zusammenwachst.«

Ben nickte pflichtschuldig, während sein Trainer ihn informierte: »Den anderen *boys* habe ich's schon gesagt: Frühstück gibt's um 7 *o'clock*. Geht bitte früh schlafen. Morgen ist das erste größere Match für euch. Und, ach ja, in der Früh guck ich mir mal eure *rooms* an. Dein Mitbewohner kann dir gleich erzählen, warum ich bei euch besonders gut hinschaue.«

22

Die Saubermänner von Zimmer 01

Kaum war Ben zurück in Zimmer 01, warf er sich erst einmal aufs Bett wie ein schwerer Wäschesack. Uff! Was für ein verrückter Tag! Ben war froh, dass er mal kurz verschnaufen konnte. Ihm entfuhr gerade ein Gähnen, als Robin türknallend ins Zimmer stürmte. Statt einer Begrüßung kickte er gegen seine Reisetasche, dass sie bis zur Heizung flog.

»Dieser Victor ...«, knurrte er mit wutfunkelndem Blick. »Ey, so ein Kameradenschwein!« Dann fixierte er Ben. »Wo warst du eigentlich die ganze Zeit? Blumen pflücken?!«

»Wollte ich eigentlich, aber es war schon ein bisschen zu dunkel und ich hab überall nur Unkraut gefunden«, erwiderte er trocken.

Robin sog scharf die Luft ein. »Boah, ich hab's dir

schon mal gesagt. Du bist *nicht* witzig! Also raus mit der Wahrheit ...!«

»Okay, okay. Ich habe mich verlaufen ... und ja ... wie du schon vermutet hast: Ich hatte mal wieder nicht richtig zugehört.«

Anschließend war er dankbar, dass Robin sich eine Moralpredigt verkniff und endlich zu erzählen begann. So erfuhr Ben doch noch, was in seiner Abwesenheit passiert war:

In der Halbzeitpause hatte Taylor kurz den Medienraum verlassen, um Getränkenachschub zu holen. Victor war nichts Besseres eingefallen, als sich sofort die Fernbedienung zu krallen. Prompt war ein heftiger Krimi über die Beamer-Leinwand geflimmert. Robin war ohnehin schon genervt gewesen von Victor. Als dieser partout nicht zurückschalten wollte, war es Robin zu bunt geworden: Er hatte Victor das Gerät abgenommen wie einem Kindergartenkind die Schaufel. Der aber hatte es wutschnaubend zurückgefordert, und im nächsten Moment waren die beiden am Boden herumgerollt wie Ringkämpfer. Das Timing war allerdings eher ungünstig gewesen. Taylor war in der Sekunde mit einigen Limonadenflaschen zurückgekommen. Und das Ende vom Lied war nun: Robin *und* Victor hatten *beide* eine Verwarnung kassiert.

»Tja, auf jeden Fall sind wir angezählt«, schloss Robin seinen Bericht.

Die beiden waren sich einig, was zu tun war: In Windeseile räumten sie ihre Reisetaschen aus, ordneten die Schuhe und räumten alle Klamotten in die Schränke. Und obwohl der Boden so gut wie sauber war, holte Ben sicherheitshalber Kehrbesen und Co aus dem Badezimmer. Nach ihrer gemeinsamen Putzaktion war ihr Zimmer blitzsauber.

Die Zimmerkontrolle hatten sie nun wirklich nicht mehr zu fürchten. Zufrieden stellte Ben den Wecker auf 6:30 Uhr und schlüpfte unter die Decke.

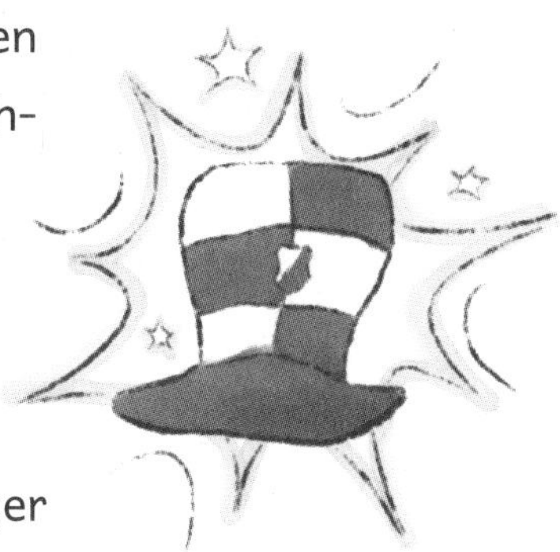

Während er im Bett lag, kreisten seine Gedanken um diesen Waschbären: Pelé. Hatte er Ben die Zauberformel zugeraunt? Hatte er sich wirklich von seinem Platz am Kellerfenster wegbewegt? Und wie hatte er den Glücksbringer erbeutet? War dieses Maskottchen womöglich das große Geheimnis der Fußballakademie?

Endlich fiel Ben in unruhigen Schlaf.

In seinem Traum erschien ihm ausgerechnet die Person, die er am allerwenigsten vermisste: Benno! »Soso … *Hier* treibst du dich rum, ›Nummer 2‹«, begrüßte er ihn mit einem fiesen Funkeln in den Augen. »Hast dir also meinen Platz geklaut. Na, wie fühlt sich das an, in meinen Schuhen zu stecken, du Fußballzwerg? Mit einer unguten Ahnung blickte Ben im Traum an sich herunter. Seine Füße steckten tatsächlich in Bennos neongelben Stollenschuhen. Und das Üble war: Die Schuhe waren nicht nur riesig, sie wurden sekündlich *riesiger*. Sie wölbten sich höher und höher um Ben, bis der im Vergleich winzig wie eine Ameise war. Und egal, was er versuchte – er entkam nicht. Zuletzt erahnte er den gigantischen Fuß Bennos, der sich auf ihn senkte. Ganz offensichtlich wollte er Ben zertreten wie ein lästiges Insekt.

Der Albtraum endete mit einem Klopfen. Es dauerte, bis Ben begriff, dass das Geräusch echt war. Jemand klopfte gegen die Zimmertür im Internat. Ben richtete sich schweißgebadet im Bett auf. Da begann der eigentliche Albtraum erst.

»Seid ihr wach, *boys?!*«, fragte Taylor von der anderen Seite der Tür.

Ben rieb sich die Augen. Der Wecker hatte doch noch nicht einmal geklingelt. Fast zeitgleich sprang nun auch Robin aus dem Bett. Und dann starrten beide entgeistert den Wecker an.

»7:15?!«, entfuhr es Robin schockiert. Dann polterte

er los: »Ben! Warum hast du den Wecker ausgemacht?! Willst du denn unbedingt rausfliegen?! Falls *ja,* halt *mich* gefälligst aus der Sache raus!«

Ben wollte seinem Zimmergenossen gerade erklären, dass er komplett auf dem Holzweg war, da meldete sich der Trainer wieder: »Ihr verpennt das Frühstück!«

In dem Moment erst begriff Ben, dass sie nicht nur verschlafen hatten … Ihr Zimmer sah aus wie das Hotelzimmer von irgendeinem durchgeknallten Rockmusiker! Socken, Unterhemden, Unterhosen lagen über den gesamten Zimmerboden verteilt. Ein Gürtel baumelte vom Lampenschirm herunter. Und garniert war alles mit Hunderten Krümeln von Chips, Erdnussflips und Crackern. Die Krümel waren wirklich überall, sogar in den Betten.

Robin kochte. »Was hast du gemacht?! 'ne Party mit dir selbst?!«

Ben zeigte ihm den Vogel. »Ich hab einfach nur gepennt!«

Robin riss ratlos die Hände in die Luft. »Aber wenn du's nicht warst, wer denn dann bitte?«

»Macht die Tür auf, *boys!*«, rief sich der Trainer in Erinnerung. »Ich wollte mir sowieso euer Zimmer anschauen.«

»Sag was! Tu was!«, forderte Robin Ben auf und raufte seine Haare.

»Was denn?! Was denn?!«, keuchte Ben erschrocken. In derselben Sekunde hörte er Taylor außen am Türgriff rütteln. Die Tür war zum Glück von innen abgeschlossen. Da kam Ben scheinbar die rettende Idee. »Sorry, Trainer, die Tür klemmt!«

Robin nickte Ben zu. »Wir kommen nicht raus, Taylor!«, spielte er das Theater mit. »Gestern war schon irgendwas merkwürdig, aber jetzt ist die Tür wohl komplett kaputt.«

»Oh *really?!* Dann hol ich schnell den Hausmeister. Wir kriegen euch da raus, *boys! No panic*, okay?« Puuh! Den Trainer waren sie erst mal los.

»Das schaffen wir trotzdem nie«, schüttelte Robin verzagt den Kopf. »Oh Mann! Und überall diese Krümel von Snacks – die auch noch verboten sind …!«

Die beiden stürzten sich auf die herumliegenden Klamotten und stopften sie in die Reisetaschen.

Robin fand das Kaninchenbuch – es lag verknickt über einer Stuhllehne. Eine Seite war aufgeschlagen, in der es um Zaubertricks mit Kaninchen ging. Robin reichte es Ben. »So was liest du?!«

Ben nahm das Buch kommentarlos an sich und versuchte, die Seiten zu glätten. Innerlich dampfte er vor Wut. Welcher Vollpfosten hatte es gewagt, sich an seinen persönlichen Sachen zu vergreifen?!

»Falls du irgendwelche Zaubertricks draufhast, wär jetzt übrigens der richtige Zeitpunkt«, flüchtete sich sein Zimmernachbar in Galgenhumor.

»Das ist es!!!«, rief Ben begeistert aus. Wenn irgendetwas sie noch retten konnte, dann Zauberei! »Der Waschbär muss uns helfen«, murmelte er mit hoffnungsvollem Blick.

Robin verzog verächtlich seine Mundwinkel. »Das ist das Lächerlichste, was du je gesagt hast! Und du hast schon *'ne Menge* dumme Sachen von dir gegeben!«

Doch Ben hörte ihm gar nicht zu. Er schloss die Augen und massierte seine Schläfen. »Konzentrier dich, konzentrier dich«, spornte er sich selbst an. Er versuchte krampfhaft, sich an die Worte von Frau Abelone zu erinnern. Was hatte sie noch gleich über diesen mysteriösen Pelé gesagt?

23

Auftritt des magischen Waschbären

»Jeden Raum gibt es zweimal«, hatte Frau Abelone gesagt. Und ja, Ben trug den Ort, an dem er Pelé zum ersten Mal begegnet war, tatsächlich im Herzen. Er musste ihn sich nur genau vorstellen. Unter Druck war das alles andere als leicht. Doch Stück für Stück malte sich Ben den Raum in seiner Fantasie aus. Da war diese Vitrine ... die dunkle Truhe ... die Kartons ... der muffige Geruch von Pappe, Staub und Mörtel ... das vergitterte Fenster mit dem kaputten Glas ... das Waschbärmaskottchen. Plötzlich war es, als seien alle Geräusche aus Bens Umgebung rausgesaugt. Rein in Gedanken war er nun in den Schlosskeller gereist – er hatte die geheime ›zweite Welt des Schlosses‹ erreicht. Er ging an das Kellerfenster, an dem der Waschbär gerade den letzten Cracker aus der Schüssel schmatzte. Ben klopfte ihm auf die Schulter. »Pelé, ich brauch deine Hilfe. Es ist wirklich dringend!«

Das Wesen sah ihn mit seinen großen Waschbäraugen an. Komisch, die waren mit einem Mal nicht mehr schwarz, sondern leuchteten türkis – genau wie die von Herrn Wolpertinger und Frau Abelone. »Gibt es denn was zu mampfen?«, quiekte er und rieb sich vorfreudig die Hände. Ben war erst einmal zu baff, um gleich zu antworten. Dann dachte er an den mit Snacks übersäten Raum.

»Du kannst dir den Bauch vollschlagen, bis du platzt!«, versprach er dem Maskottchen schließlich.

»Ha! Hast mich überzeugt!«, rief Pelé mit einem breiten Waschbärgrinsen. »Also los!«,

Ben schloss noch einmal die Augen – und befand sich im Handumdrehen wieder in seinem Zimmer in der *normalen Welt*. Er war komplett nass. Robin hatte ihm gerade eine halbe Flasche Wasser über den Kopf geschüttet. Mit quarkweißem Gesicht stand er vor ihm.

»Man, war das gruselig! Mach das nie, nie, nie wieder, Ben!«, forderte Robin entrüstet. »Ich hab eine Minute lang auf dich eingeredet. Ich dachte, du bist ohnmächtig.«

»Ich hab nur ... ähm ... meditiert«, lächelte Ben selig. Verwundert blickte er sich um. Doch wo war Pelé? War alles womöglich nur Einbildung gewesen?

Doch da merkte Ben, dass eine wuschelige Gestalt vor dem Fenster herumlungerte – es war der Waschbär! Wild gestikulierend wollte er Ben etwas mitteilen. Schließlich zeigte er auf Robin. Endlich verstand Ben: Er musste Robin irgendwie loswerden. Zum Glück fand sich rasch ein guter Grund. Wie Ben feststellte, hatte irgendwer den Inhalt der Shampooflasche an den Wänden verteilt.

»Hey, mach du das Bad und ich übernehm den Rest! So geht's schneller«, schlug Ben vor.

Robin schien erst widersprechen zu wollen, doch dann lenkte er ein. Im nächsten Moment wetzte Ben zum Fenster und ließ den tierischen Helfer herein.

Pelé besah sich den Raum mit immer größer werdenden Augen. »Ha! Du hast nicht *zu viel* versprochen. Das wird ein Festschmaus! Krümel, ich kommeee!«, jauchzte er. Prompt riss das drollige Tierwesen seinen Mund auf wie einen Staubsauger. Und dann ging alles so rasend schnell ... Ben konnte nur ein Flirren und Flimmern in der Luft erkennen, das durch den Raum fegte.

Und ehe er sich versah, stand der Waschbär schon wieder auf dem Fensterbrett und strich sich zufrieden über den Bauch. »Wenn du mal wieder Frühstück übrig hast …« Er schleckte sich die Lippen ab. »Beim nächsten Mal gern mehr von diesen Erdnussflips.«

In der Sekunde wurde Pelés Quiekstimme vom Kreischen eines Akkubohrers übertönt. Robin kam erschrocken aus dem Bad gestürmt – da war das flauschige Maskottchen schon über alle Berge.

Zeitgleich fiel Taylor mit der Tür ins Zimmer und ließ seinen Blick umherschweifen. Was er sah, schien ihm zu gefallen. »Wow, *boys!* Seid ihr euch sicher, dass ihr nicht in einem 5-Sterne-Hotel *cleaning service* machen wollt? Perfect!«

Tatsächlich hatte sich der Waschbär selbst übertroffen. Nicht nur der Boden war tipptopp sauber, die Betten waren aufgeschüttelt, das Fenster blitzblank geputzt. Pelé schien sogar die Schranktüren poliert zu haben.

Während Taylor die Zimmergenossen zufrieden anschaute, legte Robin Ben einen Arm über die Schulter. »Ich sag nur Teamwork!« Ben nickte eifrig.

»Glück für dich, Robin«, rief Taylor aus. »Die Verwarnung nehm ich zurück. Und jetzt: *time* for Frühstück.«

24

Victors Geheimplan

Wenig später machte sich Ben mit Robin auf den Weg zur Mensa. Sein Zimmernachbar war bis dahin auffällig still gewesen. Schließlich musterte er Ben fragend von der Seite.

»Was ist?«, grinste Ben. »Hab ich Zahnpasta auf der Backe?«

Robin schüttelte ratlos den Kopf. »Was war das denn bitte vorhin? Ich check überhaupt nichts mehr …«

»Manchmal gehen Dinge schneller, als man denkt«, zuckte Ben mit den Achseln. Lächelnd dachte er an das Waschbärmaskottchen. Das schien der reinste Superheld zu sein! Und es gab wirklich Schlechteres, als einen Superhelden auf seiner Seite zu haben.

»Ich hab extra noch mal geguckt«, blieb Robin beim Thema. »Es war kein einziger Krümel mehr im Zimmer –

nirgends! Wüsste ich's nicht besser, würde ich glauben, du hast wirklich gezaubert.«

»Ich hatte einfach nur plötzlich 'nen Putzflash! Kennst du so was nicht?«, flunkerte Ben.

»Pah!«, winkte Robin ab. »*Nonsense,* würde Taylor sagen! Ich war nicht mal 'ne Minute im Bad. *Kein normaler Mensch* schafft das!«

»Hier oben laufen die Uhren wohl irgendwie anders«, meinte Ben trocken. Er war sich sicher, dass sein Gegenüber die Wahrheit nie und nimmer glauben würde.

Robin rollte mit den Augen, während sie auf das große Mensator zuliefen. »Jetzt mach nicht einen auf Herrn Wolpertinger.« Dann fiel ihm noch etwas ein: »Und apropos Uhren ... Heute Abend stell *ich* den Wecker, okay?«

Ben hielt ihm strahlend die Hand hin – die beiden schlugen ein. Womöglich hatte Ben nicht nur einen tierischen Helfer gefunden, sondern auch noch einen netten Zimmernachbarn obendrein.

Und auch in einer weiteren Angelegenheit waren sich Ben und Robin einig. Bevor sie den Speisesaal betraten, überlegten sie laut, wer den Saustall in ihrem Zimmer angerichtet haben konnte. Natürlich gab es einen Hauptverdächtigen ...

Und der nahm die beiden mit seinen Blicken kurz darauf ins Visier.

»Na, hast du gut geschlafen?«, erkundigte sich Ben schmunzelnd bei Victor, der mit den anderen längst am Frühstückstisch saß. Dabei schnappte er sich ein Essenstablett und einen Teller. »Zufällig geschlafwandelt?«

Victor machte ein astreines Pokerface. Dabei biss er in sein Croissant, dass die Krümel weit herumflogen. »Und du? *Zufällig* von deiner Boxerkarriere geträumt? Aber hey, da hab ich gute Nachrichten. Bald könntest du richtig viel Zeit für den Boxring haben.«

Ben zuckte mit den Achseln und löffelte Marmelade auf seinen Teller.

»Ich glaube, was du sagen willst, interessiert keinen so richtig«, wandte sich Robin an Victor und schnappte sich ein Brötchen.

»Also *mich* interessiert's ...«, meinte Jaro und sah Victor stirnrunzelnd an.

»Mich auch«, schaltete sich der grünhaarige Yoshi ein. »Was soll denn das *Boxer*-Gequatsche?«

Victor fuhr sich selbstgefällig durchs Haar. »Ich habe mich etwas umgehört. Zum Glück ist mein Vater ganz gut vernetzt beim Fußballverband.«

»Komm zum Punkt!«, stöhnte Einar.

»Es besteht die Möglichkeit, dass unser Ben eigentlich gar nicht eingeladen werden sollte«, behauptete Victor mit unverhohlener Freude

Der neben ihm sitzende Hannes ließ triumphierend die Zähne blitzen. »Könnte gut sein, dass jemand anders eigentlich hier sein müsste ...«

»... und Ben nur ein Tippfehler ist – mehr nicht«, übernahm Victor wieder.

Es fiel Ben immer weniger leicht, Victors und Hannes' Behauptungen zu ignorieren. Er dachte an seinen Vater. Der hatte bei der Einladung auch sofort an ein Missverständnis gedacht. Was wäre, wenn das stimmte und Ben wieder nach Hause geschickt würde? Und das ausgerechnet jetzt, da er sich in Tannwald so wohlzufühlen begann. Er versuchte dennoch, gelassen zu erscheinen. »Hast du dafür irgendwelche Beweise?«

Victors Gesicht war inzwischen die reinste Grimasse. »Sagt dir der Name Benno was? Benno *Stackenberg*?«

»Willst du jetzt alle D-Jugend-Spieler meines Vereins aufzählen?«, stieß Ben ins selbe Horn.

»Ich weiß aus sicherer Quelle, dass Benno bei euch gesetzt ist als Spielmacher und du meistens die Bank drückst. Und rein zufällig ähneln sich eue Namen: Ich sag nur *Benno Stackenberg* und *Ben Stallenberger*. Klingelt's da in deiner Birne?«

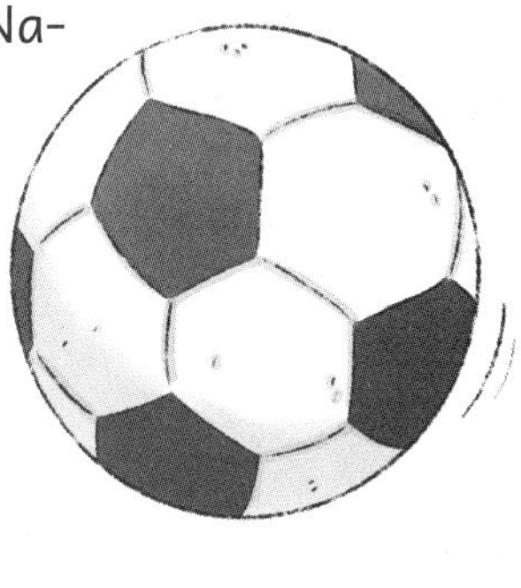

Robin zeigte auf einen Mülleimer neben dem Büfett. »Deine Theorien gehören genau *dahin*. In den Müll! Wenn du nichts dagegen hast, frühstücken wir jetzt!«

»Dann genieß deine Büfettauswahl, Ben. Morgen wirst du vielleicht schon wieder mit Papi und Mami im ›weltberühmten‹ Windegg frühstücken.«

Ben hatte für einen Moment das Gefühl, als steige ihm alles Blut in den Kopf. Doch dann hörte er plötzlich die Stimme des Waschbären in seinem Kopf:

Hab Spaß am Spiel, dein Traum ist dein Trumpf,
rot-weiß strahlt der Strumpf. Fußball ist ein Fest –
der Zauber besorgt den Rest.

Tja, die geheimnisvolle Zauberwelt des Schlosses ... Sie hatte Ben immerhin schon einmal gerettet. Er strich über den silbernen Fußballanhänger an seiner Jeans und betete in Gedanken: Hoffentlich hatte er wirklich einen Superhelden an seiner Seite, der alles in Ordnung bringen würde.

Leseprobe aus Band 2

Die Zauberkicker, **Ausgedribbelt!**

ISBN 978-3-440-17534-7

Während Ben Taylor hinterherblickte, dachte er an das bevorstehende Spiel. Wie es wohl sein würde, zum ersten Mal in einer komplett neuen Mannschaft zu spielen?

Er dachte sich nichts dabei, als er Victor und Hannes hinter Robins Rücken tuscheln sah. Doch mit einem Mal ging alles sehr schnell. Plötzlich hatte Victor die Fernbedienung in der Hand und öffnete damit die Tür zum LABOR. Dann packte er Robin und schob ihn gemeinsam mit Hannes grob in den Raum. Robin war von der Aktion ebenso überrumpelt wie

Ben. Bevor Ben oder einer der anderen eingreifen konnte, schloss Victor mit einem triumphierenden Grinsen die Tür. Vergeblich versuchte Robin die Tür von innen zu öffnen.

»So, Robin, jetzt zeig mal, ob du mehr draufhast, als der Boxer hier«, grölte Victor durch die Sprechanlage.

Robin war sichtlich genervt. »Okay, okay. Ihr Vollpfosten hattet euren Spaß ...«, hörte man ihn dumpf durch die geschlossene Tür. »Und jetzt macht wieder auf, und zwar pronto!«

»Und danach geht ihr gleich zurück in den Kindergarten, aus dem ihr kommt«, funkte Ben mit wutverzerrter Stimme dazwischen.

Auch der breitschultrige Einar kam hinzu und deutete auf die Halterung an der Wand. »Victor, leg das Teil jetzt mal zackig zurück. Oder willst du mit Hannes hochkant aus dem Internat fliegen?!«

»Warum sollten *wir zwei* denn bitte schön rausfliegen?«, erwiderte Hannes scheinheilig.

»Alle hier haben es doch gehört ...«, übernahm Victor. »Unser Robin konnte es kaum erwarten, dran zu sein. Da hat er sich vorgedrängelt und uns gezwungen, das Programm zu starten. ›Rotzfrech‹, würde ich sagen!«

Yoshi ballte die Faust. »Den Schrott glaubt euch keiner hier, ihr Erbsenhirne!«

Victor hatte derweil nichts Besseres zu tun, als das Trainingsprogram zu starten. Die Computerstimme krähte:

Stufe füüüüüüüüünf!

Mit schreckstarrer Miene blickte Ben zu Robin, der etwa denselben Gesichtsausdruck hatte. Und dann prasselten die Bälle nur so auf seinen Zimmernachbarn ein. Anfangs machte der sich noch die Mühe, die Geschosse irgendwie abzuwehren. Doch als sie immer fester und in immer kürzeren Abständen auf ihn zuschossen, gab er schließlich auf. Er warf sich flach auf den Boden und schützte seinen Kopf mit den Armen.

»Rück jetzt endlich das Ding raus«, forderte Ben von Victor und schnappte nach dem Gerät in dessen Hand.

Der aber zog eine selbstgefällige Grimasse. »Ach, der Spaß hat doch gerade erst begonnen.« Als nun auch Yoshi nach der Fernbedienung griff, warf Victor sie kurzerhand Hannes zu. Dem fiel sie dämlicherweise aus der Hand, woraufhin sie krachend auf dem Marmorboden aufkam. Das Batteriefach platzte heraus und dessen Inhalt kullerte in unterschiedliche Richtungen. In Windeseile hatten Einar und Yoshi die Batterien eingesammelt und Ben sie wieder in die Fernbedienung eingesetzt – nur um festzustellen, dass die nun nicht mehr funktionierte!

»Mir reicht's ... Ich hol den Trainer!«, verkündete Einar.

»Wir müssen *jetzt sofort* irgendwas tun«, meinte Ben alarmiert zu Yoshi. Derweil zischten die Kugeln mit voller Wucht auf Robin zu. »Oh Mann! Hoffentlich kommt er mit ein paar blauen Flecken davon ...«, bangte Ben. Verzweifelt drückte er den Glücksbringer, den er in seiner Trainingsjacke aufbewahrte. Dabei kamen ihm Abelones Worte in den Sinn ...

Falls du wirklich mal dringend seine Unterstützung brauchst, weißt du jetzt, wo du ihn findest.

Mit ›ihn‹ hatte sie den Waschbären Pelé gemeint – das jahrzehntealte, mittlerweile fast vergessene Maskottchen der Fußballakademie Tannwald. Und genau dieser Waschbär hatte Ben schon einmal aus der Patsche geholfen. Ihn zu rufen war damals gar nicht so leicht gewesen. Abelone hatte ihm damals erklärt, dass es alle Orte im Schloss zweimal gebe: einmal in der sogenannten *normalen Welt,* in der man alles berühren kann. Und dann noch einmal in einer tieferen *zweiten Welt.* Diese liege im Herzen jedes Einzelnen verborgen und sei so eine Art Spiegelung der gewohnten normalen Welt.

Ben schloss nun die Augen und versuchte, sich auf die zweite Welt zu konzentrieren. Dazu musste er alles um sich herum erst einmal komplett ausblenden und sich haargenau den Kellerraum vorstellen, in dem Pelé lebte.

Ben hörte noch die Stimme von Yoshi, doch es war, als käme sie von weit, weit weg. Die Außenwelt rückte mehr und mehr in die Ferne. Mit der Kraft seiner Gedanken tauchte Ben nun in den Kellerraum ab, in dem er das Waschbärmaskottchen kennengelernt hatte. Alles nahm Gestalt an: die Truhe mit den Kinderbriefen, daneben die Vitrine mit den Pokalen, Wimpeln und Mannschaftsfotos. Dann noch die ganzen Kartons mit Zeitschriften und allerlei anderen Andenken. Und schließlich das zerbrochene Kellerfenster. Als Ben der intensive Geruch von Pappe, Staub und Mörtel in die Nase stieg, wusste er: Er war angekommen in der geheimen zweiten Welt des Schlosses. Es war nun, als sei er wirklich unten in der Abstellkammer. Pelé jedoch war nirgends zu sehen. Da hörte Ben ein Schnarchen. Das flauschige Maskottchen hatte sich in einem Karton mit Fußballzeitschriften zugedeckt und hielt seinen Waschbärenschlaf. Plötzlich murmelte es sehnsüchtig »Chips ... Salzstangen ... Erdnussflips ...« vor sich hin und schmatzte dabei mit Genuss.

»He, aufwachen!«, rief Ben dem Maskottchen zu. Sofort riss es seine türkis leuchtenden Waschbärenaugen auf. Pelé sprang ruckartig auf, hüpfte herum wie ein Flummi und fragte dann erwartungsvoll: »Hast du wieder was zu mampfen?! Cracker, Chips, Leckereien?!«

»Diesmal leider nicht, Pelé«, erwiderte Ben hastig. »Aber ich brauch trotzdem deine Hilfe. Kannst du bitte ins LABOR kommen – und zwar seeeehr schnell! Robin---«

»Musst nix erklären – mach einfach wieder die Augen auf!«, zwinkerte der Waschbär ihm zu.

Als Ben nun die Lider öffnete, war er wieder in der *normalen Welt* – direkt an der Tür des Trainingsraums. Ein paar Spieler standen um Ben herum.

»Was war das denn eben?!«, fragte Yoshi Ben entgeistert. »Du warst eben null ansprechbar. Hast du meditiert oder so was?«